dtv

Warum sind kostenlose Dinge teuer? Warum tragen Banker keine Tennissocken? Warum sollte man nett zu seinen Nachbarn sein, dafür aber keine Gummibärchen verschenken? Und was bedeutet es, wenn Ökonomen nach Frauenröcken Ausschau halten? Vielen Dingen des alltäglichen Lebens kann man mit Hilfe der Ökonomie auf den Grund gehen. Und das macht auch noch Spaß zu lesen. Denn so bunt wie das Leben ist, so unterhaltsam sind die ökonomischen Theorien, die es erklären – erst recht, wenn jemand wie Hanno Beck es so glänzend versteht, Fakten amüsant zu verpacken und anschaulich zu erklären. In rund 30 Geschichten setzt er die Ökonomie dem Praxistest aus und zeigt, wie man das Beste aus seinem Leben macht.

Dr. Hanno Beck, Diplom-Volkswirt ist Wirtschaftsredakteur bei der Frankfurter Allgmeinen Zeitung und bestreitet regelmäßig zusammen mit anderen Autoren für die Frankfurter Allgemeine Sonntagszeitung den »Sonntagsökonom«. Er hat mehrere Fachbücher verfasst.

Hanno Beck

Der Alltagsökonom

Warum Warteschlangen
effizient sind. Und wie man das Beste
aus seinem Leben macht

Deutscher Taschenbuch Verlag

Ungekürzte Ausgabe
Januar 2006
4. Auflage Oktober 2007
Deutscher Taschenbuch Verlag GmbH & Co. KG,
München
www.dtv.de
Alle Rechte vorbehalten.
© 2004 Frankfurter Allgemeine Buch
F.A.Z.-Institut für Management-, Markt- und
Medieninformationen GmbH, Frankfurt am Main
Umschlagkonzept: Balk & Brumshagen
Umschlaggestaltung: Stephanie Weischer unter Verwendung einer
Illustration von Ellis Nadler/gettyimages/digital vision
Satz: Greiner & Reichel, Köln
Gesetzt aus der New Century Schoolbook (9/11,75˙)
und der News Gothic
Druck und Bindung: Druckerei C. H. Beck, Nördlingen
Gedruckt auf säurefreiem, chlorfrei gebleichtem Papier
Printed in Germany · ISBN 978-3-423-34267-4

Inhalt

Der Alltagsökonom

Ein Ökonom hat nie Feierabend. Gut, tagsüber gehen wir unserer Disziplin nach und berechnen Kurven, schreiben Gleichungen auf und malen merkwürdige Grafiken. Doch am Feierabend, wenn ein Atomphysiker, ein Busfahrer oder ein Bäcker ihren Beruf am Ausgang abgeben können, nehmen wir unsere Disziplin mit nach Hause. Warum? Ganz einfach, weil das ganze Leben eine einzige Herausforderung für einen Ökonomen ist. Fast jede Minute, jede Begebenheit schreit nach uns und fordert uns heraus: Warum gibt es Jeans zweiter Wahl? Warum geht meine Schlange an der Supermarktkasse nicht schneller als die an den anderen Kassen? Wie gehe ich am geschicktesten mit Konflikten im privaten Bereich um? Warum schenkt die Telefongesellschaft mir ein Mobiltelefon? Soll ich einen Gebrauchtwagen kaufen? Wie finde ich das beste Restaurant? All das sind Alltagsfragen, bei deren Beantwortung unsere Disziplin oft weiterhilft.

Das scheint auf den ersten Blick merkwürdig: Solche Fragen sollen von wissenschaftlichem Interesse sein, mit solchen Dingen sollen sich ausgebildete Wissenschaftler beschäftigen? Ganz genau: Denn diese Alltagsrätsel und Jedermannsbeobachtungen sind eine brillante Herausforderung für den theoretischen Ökonom, seine manchmal sehr konstruiert klingenden und fein ziselierten Theorien dem Alltags- und Praxistest auszusetzen. Verrät meine Theorie mir etwas über das Warteschlangenphänomen? Was sagt die trockene Wissenschaft zu den Jeans zweiter Wahl? Kann meine Wissenschaft erklären, warum die Telefongesellschaft mich so reich beschenkt? Wo immer Probleme auftauchen, die nach einer Lösung rufen, wo immer Phänomene auftreten, die auf den ersten Blick unverständlich scheinen: Solange diese Dinge etwas mit Menschen zu tun haben, fühlt sich der passionierte Ökonom gefordert –

auch nach Feierabend. Und so merkwürdig das klingen mag und so simpel und banal manche ökonomische Erklärungen für Alltagsphänomene wirken – hinter manchen dieser Erklärungen verbergen sich Theorien einiger der größten Denker unserer Zunft, bis hin zum Nobelpreisträger. Und nicht nur das: Viele der kleinen Alltagsbeobachtungen geben Aufschluss darüber, was in der großen Politik so alles falsch läuft. Es ist immer wieder erstaunlich, wie Menschen Alltagsökonomie zumeist intuitiv verstehen und anwenden, die Gültigkeit dieser Ökonomie auf der Ebene der großen Politik aber bezweifeln. Auch hier möchte dieses Buch einen Erkenntniszuwachs vermitteln.

Und so lehnt sich der Alltagsökonom am Ende seines Berufstages in seinen Sessel zurück, lässt den Tag Revue passieren, fragt sich, welche spannenden Rätsel ihm der Alltag heute mit nach Hause gegeben hat und sinniert über Antworten. Oft findet er überraschende Lösungen, gewinnt amüsante Erkenntnisse und erfreut sich an der Kraft seiner oftmals in den Elfenbeintürmen der Wissenschaft ersonnenen Theorien. Lehnen auch Sie sich zurück, staunen Sie über einige der hier präsentierten Überlegungen, lassen Sie sich überraschen von der Eleganz, die unsere Disziplin auch in den Alltag ausstrahlt – und nehmen Sie ein wenig Anteil am amüsanten Alltag eines Ökonomen.

Warum ich (k)ein kaltherziger Ökonom bin

... und worum es in der Ökonomie wirklich geht

Ich bin ein Ökonom. Das ist eigentlich nichts Schlimmes. Um ehrlich zu sein, ich bin damit sogar recht glücklich. Die Beschäftigung mit der »trostlosen Wissenschaft«, wie sie im Angelsächsischen genannt wird, hat mich geprägt, mein Denken und auch mein Privatleben beeinflusst. Aber ich leide als Ökonom auch ein wenig, nämlich unter der Missbilligung vieler meiner Mitmenschen. Ökonomen sind kaltherzig, denken nur ans Geld und müssen alles, ja wirklich alles unter der Lupe des wirtschaftlichen Kalküls sehen, schallt es uns oft genug von unseren Kritikern entgegen. Nun halten wir uns keineswegs für kaltherzig, und viele Ökonomen, die ich kenne (und ich kenne eine Menge), sind alles andere als kalte Rechenmaschinen und fiese Eigennutzmaximierer. Und dennoch glauben wir an das, was wir tun, halten es nicht nur für richtig, sondern auch für wichtig. Und nicht nur das: Ich behaupte, dass jeder Mensch ein Ökonom ist und nahezu immer ökonomisch denkt, auch wenn ihm das oft nicht bewusst ist.

»Ich habe damit gar nichts zu schaffen«, sagen mir dann oft Freunde, mit denen ich über meine Profession diskutiere. Ach, wirklich nicht? Ich denke schon, denn kaum eine Disziplin ist so menschlich und so lebensnah wie die unsere, und keine Disziplin steckt den Menschen so im Blut wie die vermeintlich trostlose Wissenschaft. Das ist eine starke Behauptung, und jetzt bin ich Ihnen einen Beweis schuldig. Also gut. Dazu wollen wir erst einmal klären, um was es in der Ökonomie wirklich geht. Ich kenne zwei Sätze, die den Inhalt unserer Disziplin auf den Punkt bringen, und einer davon stammt von George Bernard Shaw: Ökonomie bedeutet, das Beste aus dem Leben zu machen.

Perfekt, genauer kann man es kaum auf den Punkt bringen: Ökonomie bedeutet einfach, aus dem Leben, aus seinem Leben, das Beste zu machen. Findet sich irgendjemand, dem dieses Ziel völlig fremd wäre? Wir alle stehen täglich, ja fast stündlich vor Entscheidungen, deren Inhalt es ist, das Beste aus unserem Leben zu machen: Soll ich noch eine Stunde im Bett liegen bleiben oder joggen gehen? Soll ich Kaffee oder Tee trinken? Soll ich den Zug oder den Wagen nehmen? Soll ich den Job wechseln? Kaufe ich lieber Margarine oder Butter? Die Liste der Beispiele ist endlos, und sie zeigt, dass wir beständig Entscheidungen treffen müssen für oder gegen etwas (wobei eine Entscheidung für etwas automatisch auch eine Entscheidung gegen etwas ist). Und wenn ich diese Entscheidung so treffen will, dass ich danach eine möglichst hohe Zufriedenheit habe, dann ist das ein ökonomisches Kalkül.

Jetzt werden Sie wahrscheinlich fragen, was denn die Frage nach Schlafen oder Joggen mit Ökonomie zu tun hat oder warum die Entscheidung für oder gegen Kaffee einen Wirtschaftswissenschaftler erfordert. Denken Sie noch einmal an das obige Zitat: Ökonomie bedeutet, dass ich aus der Fülle der Alternativen, Optionen und Angebote eine Wahl treffe, die mir hilft, aus meinem Leben das Beste zu machen. Ökonomie ist ein Abwägen und ein Kalkulieren, und am Ende dieses Prozesses steht eine (hoffentlich) gut begründete nutzenmehrende Entscheidung.

Dass den meisten Menschen diese Interpretation von Ökonomie fremd ist, liegt daran, dass sich unsere Disziplin in der äußeren Wahrnehmung vieler Menschen auf die Beschäftigung mit Geldsummen reduziert. Das ist ungefähr so, als würden Sie vermuten, dass es in einem Supermarkt nur Blumen zu kaufen gibt, weil nur dieser Artikel vor dem Eingang, mit einem Preisschild versehen, zu sehen ist. Um was es den Ökonomen eigentlich geht, ist die Maximierung von Nutzen – eben das Beste aus dem Leben machen. Dass wir uns dabei oft des Geldes als Maßstab bedienen, liegt daran, dass wir uns auf diese Maßeinheit für den Nutzen geeinigt haben, was uns den Vergleich von Nutzensituationen erleichtert. Wichtig ist aber: Nicht das Geld, sondern der Nutzen der Menschen ist unsere Zielgröße. Geld ist nur ein Weg unter vielen, diesen Nutzen zu messen.

Was bedeutet das für die obigen Beispiele? Ganz einfach, wenn Sie morgens im Bett liegen und sich fragen, ob Sie liegen bleiben oder joggen gehen sollen, so wägen Sie implizit ab, was Ihr Leben besser macht: liegen oder laufen. Oder in unserem Vokabular gesprochen: Sie kalkulieren, welche der beiden Alternativen Ihren Nutzen maximiert – eine ganz simple Handlung, die wir täglich, ja stündlich begehen, ein ganz und gar ökonomisches Kalkül. Natürlich macht man dieses Kalkül nie so bewusst und ausführlich, wie hier dargelegt, aber das Prinzip ist immer das gleiche: Bei allem, was wir tun, wägen wir Pro und Contra, Für und Wider, Kosten und Nutzen gegeneinander ab, und nur in den seltensten Fällen messen wir Pro und Contra dann in Euro und Cent.

Natürlich werden Sie jetzt einwenden, dass Sie nicht alle Entscheidungen unter der Maßgabe treffen, Ihren Nutzen zu maximieren, beispielsweise wenn Sie etwas an eine karitative Organisation spenden. Selbst auf die Gefahr, einige Leser jetzt zu verärgern: Aber bitte fragen Sie sich doch einmal, wie Sie sich fühlen, wenn Sie etwas gespendet haben – doch meistens recht gut, oder? Das wäre ein Hinweis darauf, dass Ihre Spende auch Ihnen einen gewissen Nutzen erbringt. Doch lassen wir dieses sensible Feld und gehen wir doch einmal einfach davon aus, dass in der Mehrzahl der Fälle unser Handeln darauf ausgerichtet ist, unseren Nutzen zu maximieren. Das ist eine der Grundannahmen der Ökonomie, wie ich finde, eine recht robuste Annahme.

Aus dieser Überlegung heraus ergibt sich eine zweite Definition von Ökonomie: Ökonomie bedeutet, dass Menschen auf Anreize reagieren. Viel kompakter kann man unser Verhaltensmodell nicht an den Mann oder die Frau bringen: Menschen reagieren auf Anreize. Wer diesen Satz inhaliert, hat das komplette Rüstzeug zum Ökonomen. Die Idee, dass Menschen auf Anreize reagieren, rührt ja unmittelbar aus der Überlegung, dass Menschen ihren Nutzen maximieren wollen: Ich hadere mit mir, ob ich im Bett bleiben oder joggen gehen soll. Wenn ich weiß, dass es mir nach dem Joggen besser geht und ich den Tag gelassener beginne, werde ich doch aufstehen. Ein Anreiz (die Aussicht auf Wohlbefinden) beeinflusst unmittelbar mein Verhalten (ich stehe doch auf). Ich schwanke zwischen Tee und Kaffee? Wenn ich weiß, dass ich nicht mehr schlafen kann, wenn ich nach 22 Uhr literweise Kaffee trinke, werde ich den Kamillentee bevorzugen. Der Anreiz (Aussicht auf eine ruhige Nacht) bewirkt eine Reaktion (den Griff zum Tee).

Wohin Sie auch blicken, Sie werden immer wieder feststellen, dass Sie gefangen sind in diesem Schema zwischen dem Streben nach Nutzen und den damit verbundenen Anreizen. Und wenn Sie diese Ansicht jetzt teilen, dann sind auch Sie ein Ökonom. Und der einzige Unterschied zwischen Ihnen und der gelernten Ökonomen-Zunft dürfte darin bestehen, dass Sie dieses Kalkül oft nur unbewusst anstellen, während ein ausgebildeter Ökonom sich seiner Anreize und Wünsche bewusst ist. Bitte aber beachten Sie: Wir wollen niemandem vorschreiben, was denn sein höchster Nutzen sei – womit Sie Ihr Glück finden, das sei Ihnen überlassen. Wir versuchen nur den Weg dorthin zu systematisieren und Ihnen vielleicht sogar den ein oder anderen Tipp zu geben, wie man etwas schneller und effizienter dorthin gelangen kann.

Damit haben wir auch die eigentliche Rolle der Ökonomen erfasst: Ökonomen sind sozusagen Gesellschaftsingenieure, Menschen, die Ihnen unter der Vorgabe bestimmter Ziele und Rahmenbedingungen zu sagen versuchen, wie man denn am besten, schnellsten und günstigsten den Weg zum besseren Leben findet. Nicht mehr, aber auch nicht weniger. Damit ist auch gesagt, was wir nicht sind: Wir sind nicht die kalten Rechenmaschinen, die jegliche gute Sache dem Profit opfern wollen – Profit ist nur eine Kategorie in unserer Gedanken-welt und bei weitem nicht die wichtigste. Im Gegenteil: Wenn man uns fragt, wie man denn am besten Armut bekämpft, dann werden wir uns freudig auf diese Frage stürzen und versuchen, Ihnen eine befriedigende Antwort darauf zu geben. Unser Ziel ist nicht das Ziel selbst, sondern der effiziente Weg zu diesem Ziel. Sie bestimmen das Wohin und wir geben die Antwort auf das Wie.

Über die Ziele lässt sich natürlich streiten, doch das ist in vielen Dingen nicht die Sache der Ökonomen, sondern der Politiker oder der Gesellschaft. Uns wird aber das Leid zuteil, dass man uns oftmals Ziele unterstellt, die man dann für verwerflich hält.Wenn Sie das Ziel, den Weg in ein besseres Leben zu finden, für verwerflich halten, dann werden wir diesen Vorwurf allerdings tapfer ertragen.

Warum Warteschlangen effizient sind
… und was Schweinezüchter davon halten

Ärgern Sie sich auch immer darüber? Jedes Mal, wenn man sich an einer der vielen Kassen im Supermarkt anstellt, stellt man fest, dass es an der anderen Kasse schneller gegangen wäre. Und jedes Mal, wenn man auf der Autobahn im Stau die Spur wechselt, geht es auf der anderen Spur schneller voran. Ich persönlich achte kaum darauf, an welcher Schlange ich mich anstelle oder welche Spur ich im Stau wähle, weil ich weiß, dass es überall ungefähr gleich lang dauern wird. Woher ich das weiß? Weil ich der Kraft der Ökonomie vertraue. Die Grundüberlegung eines jeden Menschen beim Einkaufen ist doch folgende: An welcher Kasse geht es am schnellsten – an der stelle ich mich an.* Nun passiert Folgendes: Sobald jeder Einkäufer diese Überlegung anstellt und sich dementsprechend verhält, wird die durchschnittliche Wartezeit an jeder Kasse die gleiche sein. Und zwar deswegen, weil Unterschiede in den Wartezeiten an den Schlangen rasch von neu ankommenden Einkäufern ausgeglichen werden – ist die Schlange an Kasse A lang, so werden alle Einkäufer an Kasse B gehen, und zwar so lange, bis die durchschnittlich erwarteten Wartezeiten an beiden Kassen wieder gleich sind. Wird dadurch Schlange B etwas länger, so werden sich die Kunden wieder so lange bei A anstellen, bis die Schlangen vor beiden Kassen wieder gleich lang sind.

Wenn Sie genau gelesen haben, dann haben Sie festge-

---

* Sehen wir einmal von jenen Zeitgenossen ab, die in den Supermarkt gehen, um Gesellschaft zu haben – diese werden tendenziell eher die langen Schlangen bevorzugen. Ebenso absehen sollte man von Menschen wie meinem Freund Cäsar, der sich nach eigenem Bekunden immer an der Kasse anstellt, an der die hübscheste Kassiererin sitzt.

stellt, dass ich von durchschnittlich erwarteten Wartezeiten gesprochen habe. Das ist der Haken an der Warteschlangentheorie: Ich kann nicht behaupten, dass die tatsächliche Wartezeit an den Kassen gleich lang ist, aber die durchschnittlich von allen Kunden erwartete Wartezeit dürfte es sein. Solange ich also nicht glaube, dass ich besser als der Rest aller Kunden einschätzen kann, welche Schlange schneller gehen könnte, gibt es also überhaupt keinen Grund, einen Gedanken daran zu verschwenden, welche Schlange ich nehmen soll. Im Gegenteil: Die – zugegebenermaßen wohl verzerrte – Wahrnehmung, dass es immer an der Kasse schneller geht, an der ich mich nicht anstelle, könnte sogar dafür sprechen, dass meine eigene Erwartungsbildung oft falsch ist.

Das gleiche Prinzip gilt für die Spuren in einem Stau: Die Menge aller Autofahrer bildet Erwartungen darüber, welche Spur die schnellere sein dürfte und wechselt entsprechend. Der Ökonom kann getrost auf seiner Spur bleiben, solange er nicht glaubt, im Besitz von Informationen über die Spur zu sein, welche die anderen Autofahrer nicht haben oder ignorieren.

Was Sie hier kennen gelernt haben, ist ein Beispiel dafür, wie Ökonomen die Welt sehen: Ungleichgewichtszustände – in unserem Beispiel unterschiedliche Wartezeiten – werden im Zeitablauf abgebaut, weil sie Anreize schaffen, die dafür sorgen, dass menschliches Verhalten diese Ungleichgewichte abbaut. Im Kassenbeispiel besteht der Anreiz darin, schneller abkassiert zu werden, im Staubeispiel ist der Anreiz, schneller voranzukommen. Das ist das Grundprinzip eines jeden Marktes: Wo immer Bedürfnisse nicht befriedigt werden – also Ungleichgewichte auftreten – werden automatisch Mechanismen in Kraft treten, welche zu einer Befriedigung dieser Bedürfnisse beitragen und damit Ungleichgewichte beseitigen.

Was wir – im Gegensatz zu dem, was viele Kritiker behaupten – nie sagen, ist, dass diese Mechanismen perfekt sind und alle Ungleichgewichtszustände stets beseitigen. Der Weg zu einem Gleichgewicht kann lang und steinig sein, oft schießen die Märkte bei Anpassungsreaktionen über das Ziel hinaus und oft ändern sich die Gleichgewichte. In unserem Kassenbeispiel haben wir ja gesehen, dass nur die erwarteten Unterschiede in den Warteschlangen verschwinden, die tatsächlichen Ergebnisse marktwirtschaftlicher Prozesse entsprechen nicht immer den Erwartungen unserer Theorien – auch, weil Menschen sich irren. Hinzu kommt, dass menschliche Verhaltensweisen von vielen anderen Anreizen gesteuert werden, die sich oft überlagern und den Kräften, die zu einer Beseitigung der Ungleichgewichte beitragen, auch entgegensteuern. Nehmen Sie einmal das Staubeispiel: Gemäß meiner Theorie dürften eigentlich nie die um die Ferienzeit obligatorischen Staus entstehen, weil jeder Autofahrer diese Staus antizipiert und mit seinem Verhalten dann dazu beiträgt, dass die Staus verschwinden. In der Tat fahren auch viele Urlauber nachts los, um Staus zu vermeiden, oder fahren einige Tage früher oder später, um der Hauptreisewelle zu entgehen. Doch offenbar ist dieser Ausgleichsmechanismus nicht stark genug, um das obligatorische »Hier ist HR 3 – auf folgenden Autobahnen kommt es zu kilometerlangen Staus« zu vermeiden. Ein Grund könnte sein, dass das Zeitfenster, in dem die meisten Menschen mit dem Wagen in den Urlaub fahren wollen und können, einfach zu klein ist – beispielsweise wegen der Schulferien. Psychologen vermuten auch, dass manche Menschen diese Staus sogar gerne aufsuchen – warum auch immer, diese Motivation entzieht sich den nüchternen Überlegungen eines Alltagsökonomen.

All diese Überlegungen gelten grundsätzlich auch auf Märkten, den Lieblingsaufenthaltsorten von Ökonomen: Wird ein Gut stark nachgefragt, dann steigen die Preise, und mit steigenden Preisen werden die Anbieter ihr Angebot ausweiten. Die steigenden Preise zeigen an, dass hier ein Ungleichgewicht vorliegt (ähnlich wie die langen Warteschlangen ein

Ungleichgewicht anzeigen), gleichzeitig sind sie ein Anreiz für die Produzenten, mehr zu produzieren und damit die steigende Nachfrage zu befriedigen und damit das Ungleichgewicht abzubauen. Von diesen beiden Seiten – steigende Preise und damit verbunden ein Rückgang der Nachfrage sowie steigendes Angebot – wird das anfängliche Ungleichgewicht, nämlich die zu große Nachfrage, wieder ausgebügelt. Doch auch hier gilt der Einwand, dass das Leben nicht immer so schematisch und logisch verläuft, wie wir uns das wünschen. Ein Beispiel dafür ist die Schweinezucht. Auf dem Markt für Schweine machte man nämlich folgende Beobachtung: In einem Jahr gab es ein dramatisches Überangebot an Schweinen mit der Folge sinkender Preise, im Jahr darauf waren Schweine knapp und teuer. Die Ursache für dieses Phänomen, das als »Schweinezyklus« in die Lehrbücher eingezogen ist, sind die langen Aufzuchtzeiten. Im ersten Jahr stellen die Züchter fest, dass Schweine wenig Geld bringen, und züchten daraufhin für das kommende Jahr keine Ferkelchen. Da das aber sehr viele Bauern gleichzeitig tun, sind im folgenden Jahr Schweine knapp und teuer. Das wiederum führt dazu, dass die Bauern mehr Schweine züchten und damit die Preise wieder in den Keller sinken – und so weiter und so weiter. Im Unterschied zu unserem Warteschlangenbeispiel dauern hier die Anpassungsprozesse so lange, dass sich die ursprüngliche Reaktion auf ein Ungleichgewicht auf lange Frist als falsch erweist. Wenn die Bauern diesen Zyklus erkennen würden, könnten sie dementsprechend dagegenhalten und antizyklisch züchten. Doch offenbar ist es für viele Menschen eine zu schräge Angelegenheit, auf fallende Preise mit einer Erhöhung des Angebots zu reagieren.

Doch nicht nur in der Schweinezucht, auch auf dem Arbeitsmarkt finden sich solche Zyklen: Erinnern Sie sich an die Lehrerschwemme, die Ärzteschwemme und den Ingenieursmangel? Das alles sind typische Schweinezyklen: Ein Überangebot an Arbeitskräften – eine »Schwemme« – führt zu sinkenden Löhnen und zu sinkenden Beschäftigungschancen, worauf die aktuelle Generation der potenziellen Berufsanwärter vor diesem Beruf zurückschreckt. Und mit einer Verzögerung, die vor allem durch die Dauer des Studiums bestimmt wird, schlägt diese Reaktion dann auf den Arbeitsmarkt durch, und aus der Schwemme wird ein Mangel. Dabei ist es kein Zufall, dass vor allem bei akademischen Berufen diese Schweinezyklen zu beobachten sind, denn die Dauer der Ausbildung ist der Hauptgrund für die verzögerte Anpassungsreaktion der Auszubildenden. Im Ergebnis führt die verzögerte Anpassungsreaktion auf der Angebotsseite dazu, dass man von einem Ungleichgewicht in das nächste schliddert. Solche Mechanismen lassen sich beispielsweise auch bei den Preisen für Häuser beobachten: Auch hier dauert es eine Weile, bis neue Gebäude fertiggestellt werden, sodass oft die Fertigstellung von Häusern genau zu einem Zeitpunkt erfolgt, an dem die Preise in den Keller rauschen. Geplant hatte man die Gebäude hingegen zu einem Zeitpunkt, an dem Wohnraum teuer war.

Bei unseren Warteschlangen und Autobahnspuren hingegen kann die Anpassung an mögliche Ungleichgewichte spontan und umgehend erfolgen – deswegen glaube ich, dass Warteschlangen in der Regel eine recht effiziente Angelegenheit sind. Auch wenn ich immer wieder das Gefühl habe, dass es an der anderen Schlange schneller gegangen wäre.

Warum ich eine Haushaltshilfe habe

… und was uns das über unsere Landesverteidigung sagt

Ich habe eine Haushaltshilfe. Das ist eigentlich nichts Unge-wöhnliches, doch in Gesprächen mit Freunden erntet man immer wieder Erstaunen ob dieser Offenbarung. »Warum machst du das nicht selbst, bist du so faul?«, lautet zumeist der Tenor der Fragen. Die meisten Deutschen, so scheint es, sehen wenig Gründe dafür, warum ein Single-Haushalt sich eine Haushaltshilfe leisten sollte – der soll sich mal nicht so anstellen, das bisschen kann er ja wohl selbst putzen. Natür-lich bin ich weder der Meinung, dass ich faul bin, noch halte ich mich für dekadent – ich denke einfach ökonomisch, und als Ökonom glaube ich, dass eine Haushaltshilfe für mich sinnvoll ist.

»Gerade als Ökonom solltest du doch wissen, was das kos-tet«, wird mir dann entgegengehalten. In der Tat, ich weiß, was »das« kostet, wobei ich mit »das« nicht die Kosten der Haushaltshilfe meine, sondern die Kosten der Hausarbeit. Denn eines ist klar: Die Kosten der (bei meinem Haushalt leider nötigen) Hausarbeit lassen sich nicht wegzaubern – irgendjemand muss diese unangenehme Aufgabe überneh-men. Jetzt gibt es zwei Möglichkeiten: Ich mache das selbst oder lasse es von jemandem machen und bezahle ihn dafür. Die erste Variante ist die günstigere, oder? Nein, unter Um-ständen ist sie sogar wesentlich teurer als die Variante, eine Putzfrau einzustellen. Und das liegt daran, dass auch mein Tag nur 24 Stunden hat.

Überlegen wir einmal: Von diesen 24 Stunden gehen sagen wir einmal 7 ab für Schlafen, sagen wir großzügig 4 Stunden für Essen, Waschen und ähnliche Notwendigkeiten, 8 Stunden oder etwas mehr für meine Arbeit (zu viel, wie ich finde). Blei-ben noch 5 Stunden Freizeit, und in dieser Freizeit müsste ich dann meine Wohnung sauber machen. Jetzt muss ich mich fragen: Wie viel ist mir meine Freizeit wert? Wollte ich das – wie Ökonomen nun mal sind – in Euro ausdrücken, so wäre es doch eine ganz gute Idee, mich nach meinem Stundenlohn zu fragen. Nehmen wir einmal an, ich verdiene in meinem regulären Beruf 50 Euro pro Stunde. Dann wäre die erste Idee zu sagen, dass mir eine Stunde 50 Euro wert ist, schließlich habe ich ja zu diesem Preis meine Arbeitsleistung an meinen Arbeitgeber verkauft. Dann wäre meine Haushaltshilfe mit einem Stundenlohn von, sagen wir, 25 Euro doch recht billig, oder?

Oder stellen wir die korrektere Frage: Was müsste Ihr Chef Ihnen zahlen, damit Sie eine Stunde Ihrer Freizeit aufgeben? Wenn Sie diese Zahl genannt haben, dann wissen Sie auch gleichzeitig, was Sie bereit wären, einer Putzfrau zu zahlen. (Wir gehen hier einmal davon aus, dass Sie Hausarbeit nicht als vergnügliche Freizeitbeschäftigung empfinden.)

Der Gedanke ist einfach: Die Kosten der Hausarbeit lassen sich nicht beseitigen, sie lassen sich nur verlagern. Entweder Sie tragen die Kosten der Hausarbeit in Form entgangener Freizeit. Den Preis dafür erhalten Sie dadurch, dass Sie entweder Ihren Arbeitslohn zu Grunde legen, oder aber sich fragen, was man Ihnen zahlen müsste, damit Sie auf eine Stunde Freizeit verzichten. Oder sie stellen eine Haushaltshilfe ein, deren Preis Sie ja kennen. Und liegt der Preis der Haushälterin unter dem Preis, den man Ihnen zahlen müsste, damit Sie die Hausarbeit selbst machen, dann lohnt es sich für Sie immer, die Haushälterin einzustellen. Das Argument, dass eine solche Haushälterin teurer sei als die Selbsthilfe, liegt daran, dass Menschen, die so denken, bei ihrem Kalkül unterstellen, dass der Wert ihrer eigenen Freizeit sehr gering, wenn nicht sogar mit null anzusetzen ist. Man muss sich also selbst fragen, was einem die eigene Zeit wert ist. Haben Sie beispielsweise die Alternative, in zwei Stunden in einem Nebenjob 100 Euro zu verdienen oder aber zwei Stunden lang die eigene Wohnung zu putzen, so ist es doch ein gutes Geschäft, für 50 Euro eine Haushälterin zu nehmen und mit einem Plus von 50 Euro nach Hause zu gehen. Das Argument, dass man ja beides machen könne, zieht nicht, haben wir doch oben festgehalten, dass der Tag nur 24 Stunden hat – jede Stunde Hausarbeit bedeutet immer einen Verzicht auf eine Stunde Freizeit oder alternative Verdienstmöglichkeiten. Das hier erläuterte Kalkül gilt immer – und es ist sogar noch mächtiger.

Diese Idee, dass es immer etwas kostet, etwas zu tun, weil man etwas anderes dafür unterlassen muss, gilt beispielsweise auch bei der Wehrpflicht. Hier lautet das sittsam bekannte Argument, dass eine Wehrpflichtigenarmee stets billiger ist als eine Berufsarmee, da man die Berufsarmee ja besser bezahlen muss – Wehrpflichtige sind billiges Generalsfutter. Denken wir jetzt an das Putzfrauenbeispiel, so wird rasch klar, dass dieses Argument diskussionsbedürftig ist: Wer seinen Wehrdienst leistet, verzichtet darauf, ein Jahr lang mit einer anderen Tätigkeit Geld zu verdienen – damit entpuppt sich die Wehrpflicht als teurer Spaß. Nehmen Sie einmal an, dass Sie am Ende Ihres Berufslebens ein Jahressalär von – seien wir großzügig – 70.000 Euro haben. Dann hat Sie das eine Jahr Wehrdienst mindestens ebenjene 70.000 Euro gekostet, Sie hätten ja ein Jahr länger arbeiten können.* Das Argument ist klar: Die Wehrpflichtigen bezahlen ihren Wehrdienst mit einem Jahreseinkommen, das sie ansonsten in ihrem angestammten Beruf erwirtschaftet hätten.

Billig ist die Wehrpflicht allenfalls für den Finanzminister, weil er den Soldaten kaum etwas zahlen muss, die Kosten der

---

* Oft kommt an dieser Stelle das Argument, dass man ja nicht wissen könne, ob man denn, ohne einen Wehrdienst zu leisten, den Job bekommen hätte, den man nun hat. Das ist zwar richtig, aber wir können getrost davon ausgehen, dass sich eine andere Möglichkeit erschlossen hätte – vielleicht wäre diese sogar besser gewesen und man hätte, ohne erst den Wehrdienst zu leisten, sogar einen noch besser bezahlten Job gefunden.

Wehrpflicht aber werden von den Wehrpflichtigen selbst getragen. Diese tatsächlichen Kosten – nämlich ein paar hunderttausend Menschen in Kasernen zu halten und arbeiten zu lassen – lassen sich nicht wegdefinieren, sie werden im Falle der Wehrpflicht lediglich vom Budget des Finanzministers auf die Geldbörsen der Wehrpflichtigen abgewälzt. Kosten bleiben Kosten bleiben Kosten – man muss sich immer nur fragen, wer sie mit welcher Münze zahlt.

Und hier können Sie das Wehrpflichtigenheer direkt mit Ihrer Putzfrauenentscheidung vergleichen: Bleiben wir bei dem 70.000-Euro-Beispiel, so hätten Sie dem Finanzminister sicher leichten Herzens, sagen wir, 50.000 Euro in die Hand gedrückt, um sich dem Dienst für das Vaterland zu entziehen. Die 70.000 Euro sind die wahren Kosten der Wehrpflicht für die Bevölkerung, auch wenn diese nicht im Budget des Finanzministers auftauchen und nicht in Form von Steuern eingetrieben werden.

Noch schlimmer wird es, wenn man Spezialisierungsvorteile ins Feld führt: Wer, glauben Sie, bügelt meine Hemden besser und schneller – ich oder meine Haushaltshilfe? Die Antwort ist selbstredend und zeigt einen weiteren Vorteil der Arbeitsteilung zwischen mir und meiner Haushaltshilfe: Jeder tut das, was er am besten kann, die jeweilige Arbeit wird dadurch schneller und professioneller erledigt. Meine Hemden sind schneller gebügelt, und der Artikel ist rascher geschrieben. Das macht den Handel zwischen mir und meiner Haushaltshilfe noch lukrativer für beide Seiten.* Das Gleiche gilt auch für eine Wehrpflichtigenarmee und ein Berufsheer:

---

* Selbst wenn ich sogar besser bügele als meine Haushälterin, würde es sich immer noch lohnen, sie zu beschäftigen, solange ich noch besser als sie Vorträge halten kann oder Artikel schreiben kann. Diese Idee der komparativen Kostenvorteile finden Sie noch einmal etwas näher ausgeführt im Kapitel »Warum man nett zu seinen Nachbarn sein sollte«.

Letzteres erledigt den Job professioneller und zuverlässiger als eine Horde Jungspunde, die gegen ihren Willen für ein paar Monate abkommandiert werden, null Interesse an der Vaterlandsverteidigung haben und damit in anderen Beschäftigungen viel produktiver wären.

Sie sehen, die ökonomische Ratio spricht für eine Haushaltshilfe und für eine Berufsarmee; Letztere sorgt dafür, dass die Kosten der Landesverteidigung sichtbar werden und auch geringer ausfallen, Erstere sorgt dafür, dass ich nicht mit lausig gebügelten Hemden durch die Welt laufen muss.

Warum es Jeans zweiter Wahl gibt

… und Rentner Samstagabend nicht ins Kino gehen

Ich bin ein Freund legerer Kleidung, deswegen trage ich gerne Jeans. In Ordnung, sagt meine Mutter immer, aber gepflegt müssen sie sein. Nun gut, meine Jeans sind nicht immer gepflegt, aber sie sind zumeist von einem renommierten Hersteller, ganz einfach deswegen, weil die 20-Euro-Jeans aus Rudis Resterampe an mir aussehen wie 7 Tage Regenwetter im Kohlekeller. Doch diese Markenjeans, so gut sie auch aussehen, haben einen Haken: Sie sind teuer. Eine gute Markenjeans kostet heutzutage im Schnitt zwischen 70 und 100 Euro – ganz schön viel Geld für ein Beinkleid, das früher einmal Viehhirten und Bankräuber getragen haben.

Aber es gibt einen kleinen Trick, an gute Markenjeans billiger zu kommen: In meiner Heimatstadt gibt es einen Laden, der so genannte zweite Wahl verkauft. Dort bekomme ich meine geliebten Markenjeans für etwa die Hälfte des Preises – ist das nicht ein Schnapper? Na gut, für den geringeren Preis muss ich auch Abstriche machen: Diese Jeans sind eben zweite Wahl, will heißen, sie sind durch die Qualitätskontrolle des Herstellers durchgefallen, weil sie einen kleinen Fehler aufweisen. Das ist zwar ärgerlich, aber wer damit leben kann, dass seine Jeans einen kleinen Fehler aufweist, fährt dafür billiger.

Natürlich fragte ich mich, ob denn der jeweilige Fehler an der Jeans, die ich gerade im Auge hatte, so groß ist, dass man sich damit nicht mehr auf die Straße trauen kann – und musste die Frage stets verneinen. Warum? Weil ich fast nie überhaupt irgendeinen Fehler entdecken konnte – er muss wohl so klein gewesen sein, dass er nicht mit bloßem Auge zu finden war. Wahnsinn, dachte ich zuerst, wie viel Wert der Hersteller darauf legt, dass keine fehlerhaften Jeans an seine

Kunden verkauft werden. Doch irgendwann wurde ich misstrauisch: Was, wenn die Jeans überhaupt keinen Fehler hat?

Das klingt auf den ersten Blick unlogisch: Warum sollte der Hersteller Jeans als fehlerhaft verkaufen, wenn sie gar keinen Fehler haben? Ganz einfach, das sollte er dann machen, wenn er seine Jeans nicht mehr für den ursprünglich hohen Preis absetzen kann. Aber das kann er doch immer, wenn er will, mögen Sie einwenden, und haben ja auch Recht damit. Das Kalkül unseres Jeans-Herstellers ist jedoch ein ganz anderes: Er will mehr Jeans absetzen, nicht nur an die Snobs, die willens und in der Lage sind, 100 Euro für den amerikanischen Hosentraum hinzulegen. Nein, er will auch an die armen Schlucker und Geizhälse seine Jeans verkaufen, und das kann er natürlich nur, wenn er die Preise senkt.

Aber hier entsteht ein Problem: Wenn unser Jeans-Hersteller die Preise senken würde, dann kämen nicht nur die Sparbrötchen, sondern auch die Snobs billiger zum Zug – und das kann doch nicht der Sinn der Übung sein. Niemand würde die Jeans für 100 Euro in der Boutique kaufen, wenn er sie um die Ecke für die Hälfte des Geldes erstehen könnte.* Ideal wäre es doch, wenn unser Jeans-Hersteller die Hosen jedem einzelnen Kunden genau zu dem Preis verkaufen kann, den er bereit ist zu zahlen. Den Snobs knöpft er 100 Euro ab und macht ein zusätzliches Geschäft damit, den Geizhälsen wenigstens 50 Euro abzuknöpfen – immer noch besser, als das Geschäft mit den Geizhälsen gar nicht zu machen. Das hört sich in der Theorie gut an, doch wie erreiche ich es als Hersteller, dass die Kunden nicht voneinander erfahren und mitbekommen, dass das gleiche Produkt, für das sie 100 Euro zahlen, anderswo nur die Hälfte kostet? Dazu gibt es zwei Möglichkeiten, und eine davon ist der Verkauf von Jeans zweiter Wahl.

Die Überlegung hinter dieser Aktion ist folgende: Die

---

* Die Snobs würden diese Jeans vielleicht dann gar nicht mehr kaufen, weil sie dann zu billig wären.

Snobs erfahren zwar, dass ihre Jeans anderswo für die Hälfte verkauft wird, doch sie protestieren nicht oder wechseln über, da es sich ja um »mangelhafte« Ware handelt – eben zweite Wahl. Sie kaufen weiter brav ihre 100-Euro-Jeans und belächeln milde die Sparbrötchen, die sich erniedrigen und nur des Sparens halber fehlerhafte Jeans tragen. Und damit der Unterschied auch nach außen gut sichtbar wird, hat der Hersteller auf das Lederetikett der Rückseite ein großes »X« gestanzt, das die betreffende Jeans als zweite Wahl ausweist.*
Damit hat der Hersteller aus einem Produkt quasi zwei gemacht: Eine teure Jeans erster Wahl und eine billige Jeans zweiter Wahl, und beide werden von den Konsumenten als völlig unterschiedliche Produkte wahrgenommen. Und so kann unser Hersteller auch zwei verschiedene Preise für seine Jeans verlangen, ohne dass er befürchten muss, dass alle 100-Euro-Hosenkäufer zu Billig-Jeans-Anhängern mutieren. Auf diesem Weg gelingt es ihm elegant, einen größeren Kundenkreis abzuschöpfen, ohne sich die Preise kaputt zu machen. Ob die Jeans dann tatsächlich auch einen Fehler haben oder nicht, ist dabei eigentlich nebensächlich. Hauptsache, in der Wahrnehmung der Kunden erscheinen die Jeans als zwei verschiedene Produkte, denn für zwei verschiedene Produkte kann ich auch zwei verschiedene Preise verlangen – ein Ansinnen, das bei gleichartigen Produkten auf Protest respektive Abwanderung stoßen würde.

Meine Jeans sind nicht das einzige Beispiel für diese Strategie, mehrere Kunden nach Maßgabe ihrer unterschiedlichen Zahlungsbereitschaft zu schröpfen. Dazu gehören beispielsweise auch so genannte No-Name-Produkte. Das funktioniert dergestalt, dass der Hersteller eines renommierten Markenproduktes das gleiche Produkt noch einmal unter einem völlig anderen Namen in einer billigeren Verpackung vertreibt. Der

---

* Das X verschwindet aber, wenn man einen Gürtel anzieht – auch wenn echte Jeans-Puristen den Gürtel ablehnen.

Markenkunde bleibt bei seiner Marke und erfreut sich an Qualität und Exklusivität, während der sparsamere oder weniger solvente Kunde zu dem namenlosen Produkt in der trostlosen Verpackung greift und für weniger Geld im Grunde das gleiche Produkt erhält. Solche Beispiele gibt es auch bei den Herstellern von Musikinstrumenten und vor allem in der Lebensmittelbranche – hier werden oftmals von den Markenherstellern die Produkte speziell für Discount-Ketten hergestellt, welche diese dann als Eigenmarke verkaufen. Das Resultat: Der Luxusmensch kauft bei Tengelmann oder Edeka die Markenschokocreme, während der Sparsame bei Lidl oder Penny die No-Name-Schokocreme kauft. Der Unterschied: einige Cent oder gar Euro sowie einige Illusionen.

Nun funktioniert die Strategie, aus einem Produkt zwei verschiedene zu machen, nicht immer, aber es gibt ja noch eine zweite Möglichkeit: Man kann versuchen, die Kundengruppen untereinander zu trennen. Die Idee ist hier, ein und dasselbe Produkt an unterschiedliche Zielgruppen zu unterschiedlichen Preisen zu verkaufen. Hört sich kompliziert an, ist aber durchaus möglich. Und ein Paradebeispiel dafür ist mein Friseur.

Mein Friseur ist ein netter, guter Friseur, und vor allem hat er seine Lektion in Sachen Ökonomie gelernt, wie ich glaube. Als Mann zahlt man bei ihm im Durchschnitt die Hälfte dessen, was das weibliche Geschlecht auf den Tisch des Salons legen muss, um von seinen Künstlerhänden verwöhnt zu werden. Im Grunde genommen macht das doch wenig Sinn, vor allem, wenn die Dame des Hauses mit einem Stiftkopf auskommt und ihr Göttergatte die Föhnwelle bevorzugt. Eigentlich sollte der Preis beim Friseur nach Art der Leistung, nicht nach Maßgabe des Geschlechts festgelegt werden. Doch ich denke, dass mein Friseur genau weiß, was er tut. Er tut nämlich genau das, wovon ich oben gesprochen habe: Er hat zwar nur ein Produkt (seine künstlerische Dienstleistung), doch er kann zwischen seinen Kunden (Männer und Frauen) recht gut trennen und weiß offenbar aus Erfahrung, dass Frauen bereit sind, mehr für ihre Schönheit auszugeben als Gottes Ebenbild, das zur Not auch mit einer Kurzrasur leben kann – wahre Schönheit ist eben unzerstörbar. Was liegt also näher, als die unterschiedliche Zahlungsbereitschaft von Männern und Frauen auch auszunutzen? Den hohen Preis für die Damen wären wohl viele Herren nicht bereit zu zahlen, doch warum darauf verzichten, ihn von den Damen zu nehmen? Mit dem Argument, dass Männer und Frauen eben nicht die gleichen Kunden seien, kann mein Friseur für die gleiche Dienstleistung völlig unterschiedliche Preise nehmen.

Ähnliche Muster einer Unterscheidung von Kunden finden sich zuhauf, beispielsweise auch bei ermäßigten Eintrittspreisen für Studenten und Rentner. Das sind Bevölkerungsgruppen, bei denen man als Veranstalter von Konzerten oder als Kinobesitzer eine geringere Zahlungsbereitschaft und auch -fähigkeit vermutet, doch will man nicht darauf verzichten, auch diesen Menschen ein wenig Geld aus der Tasche zu ziehen. Also was tun? Ganz einfach, den »Erwachsenen«, die ja verdienen und mehr Geld haben, knöpft man ein wenig mehr ab, und die Benachteiligten dieser Erde kommen eben etwas günstiger ins Kino oder zum Spiel ihrer Lieblingsmannschaft.

Dass diese Preisdifferenzierung nicht unbedingt einer sozialen Ader der Veranstalter entspringt, sehen Sie auch daran, dass Kinos beispielsweise ihre Sondertarife zu den Spitzenzeiten aussetzen – Samstagabend finden sich genügend zahlungskräftige »Erwachsene«, die man ausnehmen kann, doch in den Nebenzeiten nimmt man dann gerne ein wenig Geschäft mehr mit, verhindert durch den gespaltenen Tarif aber, dass die zahlungskräftigen Besucher in den Nebenzeiten ebenfalls günstiger davonkommen. (Allerdings gibt es auch so genannte »Kino-Tage«, an denen die Tickets auch billiger sind, hier geht es aber darum, eine gleichmäßigere Auslastung der Kinos zu erreichen, indem man für alle Besucher billigere Tarife anbietet.) Weiß man aber um diese Strategien, ein Produkt zu verschiedenen Preisen zu verkaufen, dann werden sich auch immer Möglichkeiten finden, ein wenig billiger durchs Leben zu kommen – ich jedenfalls werde auch weiterhin ohne große modische Gewissensbisse zweitklassige Jeans tragen.

Warum Banker keine Tennissocken tragen
… und welchen Sinn Heavy-Metal-Aufnäher haben

Neulich erzählte mir ein Kollege eine nette Geschichte: Er musste mit dem Flieger nach London, und als er sich auf seinem Platz niederließ, registrierte er mit ein wenig Unbehagen das Aussehen seines Sitznachbarn: Zerrissene Jeans, ein kaputtes T-Shirt, durch das hindurch man einige Tätowierungen erahnen konnte, eine schwere Lederjacke – kurzum, nicht gerade der Mann, von dem man einen Gebrauchtwagen kaufen würde. Doch wie es eben so ist, kam man ins Gespräch und der abgerissene Gesprächspartner entpuppte sich als ein ranghoher Beschäftigter eines Dax-Konzerns, dessen Jahressalär wohl bei satten 200.000 Euro liegen dürfte.

Fast jeder, dem ich diese Geschichte erzähle, schmunzelt oder reagiert erstaunt, denn ein solches Äußeres erwartet man nicht von einem Menschen mit einem solchen Gehalt. Aber warum eigentlich? Warum wirkt es befremdend, wenn ein Banker statt in Nadelstreif in Leder aufläuft? Warum gestehen wir dem Vorstand eines Unternehmens nicht zu, auch in zerlumpten Kleidern durch die Stadt zu laufen? »Weil wir das von solchen Leuten nicht erwarten und nicht gewohnt sind«, lautet zumeist die Antwort, die aber sofort die nächste Frage aufwirft: Warum sind wir das nicht gewohnt? Ich kenne mehr als genug Banker, die im Gespräch erzählen, dass ihre erste Amtshandlung am Abend, wenn sie nach Hause kommen, darin besteht, sich in »ordentliche Klamotten« zu werfen, wobei sie unter »ordentlich« eben nicht das verstehen, was ihre Frau Mama damit meint.

Doch diese Beobachtung wirft nur eine weitere Frage auf: Warum ziehen augenscheinlich so viele Leute teure, elegante (nach meinem Dafürhalten unpraktische) Anzüge an, obwohl es ihnen doch nach der Schlabberjeans gelüstet? »Weil das keiner außer ihnen macht, wer das machen würde, würde damit doch dann alleine und ganz schön bescheuert dastehen«, lautet die Antwort. Das ist richtig, doch im Zuge der immer laxeren Sitten könnte man doch vermuten, dass sich zumindest ein wenig gelockerte Kleiderregeln mit der Zeit durchsetzen. Doch es gibt einen Grund, der gegen diese hoffnungsfrohe Erwartung spricht, und dieser Grund ist selbstverständlich ein ökonomischer.

Lassen Sie uns einmal nachdenken: Warum würde es uns befremden, wenn der Mann am Bankschalter ein tätowierter, langhaariger Desperado wäre? Würden Sie diesem Mann Ihr Geld anvertrauen? Wohl kaum. Aber warum? Ganz einfach, weil wir von der Kleidung Rückschlüsse auf das zu erwartende Verhalten unseres Gegenübers ziehen. Dabei hat uns doch die eingangs erzählte Anekdote gelehrt, dass man ein Buch nie nach seinem Umschlag beurteilen sollte – woher also dieses Misstrauen?

Das Misstrauen hat etwas mit einer Strategie zu tun, die Ökonomen »Signalling« nennen – hier geht es darum, der Gegenseite ein Signal zu geben. Der Grund ist recht simpel: Wenn Sie einen Menschen kennen lernen, dann sind Sie in der Regel darauf angewiesen, sich ein Bild von ihm zu machen. Was ist das für einer? Kann man ihm trauen? Hat es Sinn, sich mit ihm zu unterhalten? Aber wie will man eine solche Frage auf die Schnelle klären? Eigentlich gar nicht. Doch im wahren Leben kommt man eben nicht darum, sich irgendwie ein Bild von seinem Nächsten zu machen. Und hier kommt das Aussehen respektive die Kleidung ins Spiel.

Charaktereigenschaften lassen sich nicht nach außen darstellen, aber man kann versuchen, seinem Gegenüber zu signalisieren, dass man gemeinsame Werte teilt. Und wie ginge das besser als über Kleidung? Kleidung erlaubt es uns, dem Gegenüber ein Signal zu geben über die Werte, die man kennt, achtet, respektiert und befolgt. Wer Lederklamotten, Tätowierungen, Ketten und schwere Ringe trägt, signalisiert seiner

Außenwelt recht deutlich, welche Werte er hat und dass »Bambi« nicht sein Lieblingsfilm ist. Wer hingegen ein gepflegtes Äußeres aufweist, teures Tuch, Manschettenknöpfe und edle Krawatte zur Schau stellt, will seiner Welt zeigen, dass er um den Wert des Geldes weiß und vertrauenswürdig ist. Wohlgemerkt: Dies ist nur ein Signal, ob es auch wirklich seiner inneren Einstellung entspricht, ist eine andere Frage. Nicht umsonst treten die meisten Finanzbetrüger wie aus dem Ei gepellt auf – eine unerlässliche Maßnahme, um sich das Vertrauen des Kunden zu erschleichen. Und dass das funktioniert, liegt daran, dass das feine Tuch eben als ein vertrauensheischendes Signal verstanden wird – so ein netter Mann, so gute Manieren, so feine Kleidung, der würde einen doch nicht reinlegen, oder? Manche Finanzbetrüger kann man aber trotz des teuren Anzuges erkennen: Sie tragen Tennissocken zu ihrem Anzug. Jeder, der sich ein wenig im Kleiderkanon auskennt, weiß, dass weiße Tennissocken zum schwarzen Anzug ein absolutes »No go«, eine schwere Verfehlung sind. Warum, ist egal, wichtig ist nur, dass diese Regel in diesen Kreisen gültig ist. Damit ist klar, was passiert: Hier will jemand ein Signal setzen, beherrscht aber nicht das dazu notwendige Vokabular komplett – das Signal ist unvollständig und fehlerhaft und kann damit als Hinweis darauf gewertet werden, dass hier jemand etwas vortäuschen will. Genauso fehlerhaft können übrigens auch übersteuerte Signale sein: Erscheint der Finanzberater zu einem Kunden mit einem unterdurchschnittlichen Gehalt mit einem überdurchschnittlichen 1.000-Euro-Anzug, Jaguar und vier Mobiltelefonen, über die er pausenlos mit London telefoniert, ist das unglaubwürdig – so ein Mensch würde sich niemals in die Niederungen des Arme-Leute-Geschäfts begeben. Das legt nahe, dass er täuscht, um zu imponieren und zu betrügen. Das Signal ist zu laut, um vertrauenswürdig zu sein.

Das Signalling funktioniert nicht nur im Finanzwesen, sondern auch beim Thema Nummer eins. Hier geht es ja auch darum, jemanden zu finden, der den eigenen Vorstellungen von einem schönen, guten Leben entspricht. Stellen Sie sich einmal vor, die ganze Menschheit sei in weiße Overalls gekleidet und habe eine Einheitsfrisur, ansonsten sei die Welt unverändert. Recht rasch würden Sie auf ein Problem stoßen: Wie finde ich denn einen geeigneten Partner? Da spricht der einheitsbekleidete Literaturfreund eine gleichfalls overall-bekleidete, einheitsfrisurbestückte Dame an und stellt erst viel zu spät fest, dass diese lieber Motorrad fährt und sich in Bikerkneipen prügelt – das riecht nicht nach einer Romanze. In der echten Welt würde das kaum passieren, weil der strick-westengewandete Literaturfreund mit Nickelbrille erst gar nicht auf die Idee kommen würde, die mit Lederjacke, Ketten und Totenkopf-Aufnähern bekleidete Amazone anzusprechen. (Einen Ausweg hätte der Literaturfreund in unserer Overall-Welt: Er würde bestimmte Orte aufsuchen, von denen er vermutet, dass sich dort Gleichgesinnte treffen – hier setzt man das Signal über den Aufenthaltsort.)

Man kann Signalling auch betreiben, indem man sich öffentlich einer wohldefinierten Gruppe zuordnet und seiner Umwelt beispielsweise signalisiert, dass man Heavy Metal hört, Rilke-Gedichte liebt, Mainz 05-Anhänger oder ein Autonarr ist. Wer will, kann diese Signale auffangen und sich den Menschen herauspicken, der zum eigenen Lebensstil und Weltbild passt, ein Unterfangen, dass in unserer Overall-Welt wesentlich schwieriger wäre. Insofern kommt der Alltags-ökonom zu dem erstaunlichen Urteil, dass Heavy-Metal-Aufnäher auf der Jeansjacke die Suchkosten bei der Partnerschaftswahl verringern – wer hätte das gedacht?

Auch im Geschäftsleben funktioniert dieses Signalling, und hier ist alles erlaubt, was gefällt, solange es geeignet ist, das Vertrauen der Kunden zu erwerben: Ein Verweis auf die lange Verweildauer im Geschäft (»Erfahrung seit mehr als 50 Jahren«) stärkt das Vertrauen der Kunden ebenso wie eine großzügige, prächtige Repräsentanz – sie gibt dem Kunden das Gefühl, dass der Inhaber selbiger Repräsentanz nicht schon morgen mit dem Geld der Kunden auf dem Weg nach Brasilien ist.

Wichtig bei der Idee des Signalling ist, dass keine Übereinstimmung zwischen äußerem Erscheinungsbild und innerer Überzeugung gegeben sein muss – man setzt einfach mit seinem äußeren Erscheinungsbild ein Zeichen, eine Duftmarke, um seiner Umwelt zu signalisieren, dass man dazu gehört. Kleidung oder andere Signale können somit auch zu Fehltäuschungen genutzt werden oder sind einfach nur eine Einverständniserklärung mit den Regeln des jeweiligen Umfeldes, denen man sich unterordnen muss, um zu bestehen. Unsere Dax-Führungsperson mit den Tätowierungen hat das wohl begriffen und ordnet sich in seiner Berufswelt den Anforderungen an den beruflichen Dresscode unter – auch wenn er privat offenbar außerordentlich wenig davon hält. Unsere Verwunderung über den tätowierten Banker rührt daher, dass wir gar nicht glauben wollen, dass er einfach nur den Verhaltenskodex mitmacht, weil er um die Notwendigkeit weiß, ihn aber innerlich ablehnt. Im Grunde genommen zeigt dieses Schmunzeln damit, wie stark das Signalling wirkt, bedeutet es doch, dass wir automatisch eine Kongruenz zwischen äußerer Erscheinung und innerer Haltung unterstellen. Also seien Sie das nächste Mal auf der Hut, wenn Ihnen ein Rocker in Tennissocken begegnet – vielleicht ist es Ihr Vermögensberater oder ein Gedichtefreund.

Warum meine Freundin nicht mehr ans Telefon geht

... und das sehr clever ist

Ich habe mal wieder Ärger mit meiner Freundin. Nichts Ernstes, eigentlich das Übliche: Es ist Samstag und wir streiten am Telefon, was wir unternehmen sollen. Ich möchte gerne meine Ruhe haben und einfach etwas Essen gehen, sie will auf das Konzert der »Shit Shakers«, einer wüsten, lauten Rock-Band. Und wie immer will keiner nachgeben. Sie kennen das sicher: Es fängt langsam an, ein Wort gibt das andere, die Lautstärke steigt – und irgendwann bellt meine Freundin in den Hörer: »Mach was du willst, ich jedenfalls gehe heute Abend auf das Konzert«, und knallt den Hörer auf die Gabel. Uff, erst mal durchatmen. Dann greife ich natürlich wieder zum Hörer, denn ich finde, unter zivilisierten Menschen sollte auch eine zivilisierte Einigung möglich sein. Es klingelt und klingelt, doch sie geht nicht ran. Da haben wir den Salat: Sie ist so sauer, dass sie sich weigert, überhaupt noch mit mir zu telefonieren.

Dem examinierten Ökonom kommen allerdings nach ein paar Minuten Bedenken: Ist sie vielleicht gar nicht sauer, sondern nur sehr clever? Vielleicht hat sie als Freundin eines Ökonomen zu gut aufgepasst und verabreicht mir jetzt eine Dosis meiner eigenen Medizin! Je länger ich darüber nachdenke, umso mehr scheint mir diese Schlussfolgerung richtig: Es ist furchtbar clever von meiner Freundin, nicht mehr ans Telefon zu gehen. Und Sie fragen sich sicherlich jetzt, warum. Analysieren wir die Situation einmal ganz nüchtern. Wir haben zwei verschiedene Ziele, aber eine Gemeinsamkeit: Wir möchten den Abend zusammen verbringen (dass meine Freundin das auch möchte, davon gehe ich einmal optimistisch aus). Eine Situation wollen wir beide also auf alle Fälle vermeiden: Dass ich alleine ins Restaurant gehe und sie alleine ins Konzert. Gut, das ist klar, aber der Rest ist ein Macht-kampf: Gehen wir ins Konzert, hat meine Freundin gewonnen und den höheren Nutzen von uns beiden, gehen wir ins Restaurant, habe ich den höheren Nutzen. Aber für uns beide gilt: Der Samstagabend ist schöner, wenn wir ihn zusammen verbringen, auch wenn wir dafür etwas tun müssen, was wir eigentlich nicht mögen.

Insgesamt ergibt sich für uns jeweils folgende strategische Situation: Die bestmögliche Situation wäre es, wenn unser Gegenüber uns folgen würde, die zweitbeste Lösung wäre es, unserem Gegenüber zu folgen. Unsere Situation ist also absolut symmetrisch, lediglich die bevorzugten Lösungen sind gegensätzlich. Unter dem Strich dürfte damit herauskommen, dass wir etwas zusammen machen werden – aber was, das ist bei diesem Spiel offen. Nun gibt es mehrere Möglichkeiten, diesen Konflikt zu lösen, und die erste, die einem einfällt, ist natürlich die Verhandlungslösung. Man diskutiert so lange, bis einer das Ein- und Nachsehen hat.

Meine Freundin dagegen hat eine andere Strategie gewählt: Sie hat die Verhandlungen einfach abgebrochen und weigert sich, sie wieder aufzunehmen, indem sie nicht mehr ans Telefon geht. Zugleich hat sie verkündet, dass sie ins Konzert gehen wird und mir damit eigentlich keine Chance mehr gelassen zu verhandeln. Sie hat dies deswegen getan, weil sie weiß, dass ich den Abend mit ihr verbringen will und dass die Lösung »Konzert« für mich immer noch besser ist als »ein Essen alleine«. Also kann sie im Vertrauen auf meine Zuneigung getrost ins Konzert gehen, denn sie weiß, dass ich kommen werde – immer noch besser, als alleine beim Italiener zu sitzen. Indem sie die Verhandlungen einfach abgebrochen hat und sich weigert, diese wieder aufzunehmen, hat sie den Streit gewonnen – ganz schön clever von ihr. Zumindest kurzfristig, wie wir noch sehen werden.

Nun glauben Sie nur nicht, dass eine solche Strategie etwas typisch Weibliches ist oder nur im Privatleben Anwendung findet: Wie oft hören wir in Nachrichten, dass irgendwelche Verhandlungen abgebrochen werden und der Verhandlungsführer eines Landes einer Tarifpartei vor die Presse tritt und sagt, dass nun Schluss mit lustig sei? Dahinter steht vermutlich in den wenigsten Fällen Zorn oder Trotz, sondern strategisches Denken: Man beendet die Verhandlungen öffentlichkeitswirksam und droht damit, den Konflikt eskalieren zu lassen, in der Hoffnung, dass die Gegenpartei die für sie schlechtere Konsenslösung dem offenen Streit oder Streik bevorzugt, weil dieses Resultat noch schlechter wäre. Und der öffentliche Abbruch der Verhandlungen ist sozusagen der Telefonhörer, den dann die jeweilige Verhandlungsseite öffentlichkeitswirksam auf die Gabel knallt. Das ist die gleiche Strategie: Man verweigert die Kommunikation und droht mit der für beide Parteien schlechtesten Lösung, um die Gegenpartei zum Einlenken zu bewegen und damit seine bevorzugte Lösung durchzusetzen.

Eine Frage haben Sie sich jetzt sicherlich schon gestellt: Wie ernst muss man diese Drohungen nehmen? Vielleicht ist meine Freundin ja doch zu gutmütig, als dass sie mich auflaufen lassen will, und ihre Drohung ist eigentlich eine leere? Das ist genau der Punkt bei solchen Spielen: Sie müssen Ihrer Gegenpartei überzeugend vermitteln, dass Sie es absolut ernst meinen. Meine Freundin kann das beispielsweise tun, indem sie sich schon im Vorverkauf die sündhaft teure Eintrittskarte kauft (diese Bands werden immer unverschämter), die wertlos werden würde, wenn sie nachgeben und mit mir essen gehen würde. Das ist eine Möglichkeit, eine Drohung glaubwürdig zu machen: Man schafft vollendete Tatsachen, die der Gegenpartei klar machen, dass man gar nicht nachgeben kann, weil man sonst zu hohe Kosten hätte. Leider ist das im Falle der Eintrittskarte nicht glaubwürdig: Die Karte ist nun einmal gekauft, das Geld ist futsch, und eigentlich hat das auf unseren Konflikt keinen unmittelbaren Einfluss mehr. Solange meine Freundin immer noch lieber den Abend mit mir verbringt als alleine, spielt es keine Rolle, ob sie eine Karte hat oder nicht – an der grundsätzlichen Entscheidungsstruktur ändert das nichts, denn das Geld für die Karte ist so oder so weg.* (Das würde sich beispielsweise ändern, wenn sie mit einer Freundin vereinbart, eine Strafe zu zahlen für den Fall, dass sie nicht erscheint – dann würde diese Strafe in ihr Entscheidungskalkül mit einfließen und ich könnte feststellen, wie viel Geld ihr ein Abend mit mir wert ist.)

Wenn die Strategie, Kosten aufzubauen, nicht trägt, dann muss man etwas anderes probieren, was aber nur funktioniert, wenn diese Konfliktsituationen sich wiederholen: Man baut eine Reputation als Starrkopf auf. Für meine Freundin kann es Sinn machen, ein paar Wochenenden auf stur zu schalten und alleine ins Konzert zu gehen, auch wenn es ihr Leid tut. Hält sie das lange genug durch, so werde ich irgendwann bei einem Streit einknicken, weil ich weiß, dass sie ihre Drohung immer wahr macht – also leiste ich gehorsam Folge. Ob das für die Beziehung so glücklich ist, steht auf einem anderen Blatt. Sie sehen, die Natur des Konfliktes ändert sich, sobald sich dieser Konflikt wiederholt und die Beteiligten auch wissen, dass er sich wiederholen wird. Dann ist es sinnvoll, in den ersten Veranstaltungen hart zu bleiben, um zu späteren Zeitpunkten den eigenen Willen durchzusetzen. Leider weiß ich auch um diesen Mechanismus und werde für den Fall, dass ich eine Wiederholung dieses Konfliktes erwarte, ebenfalls auf stur schalten.

Aber auch bei solchen wiederholten Konflikten muss man immer nach der Glaubwürdigkeit von Drohungen fragen: Ist meine Freundin wirklich bereit, auch sich selbst weh zu tun, nur um ihren Willen durchzusetzen? Im Grunde geht es bei diesen Konflikten dann auch darum, sein Gegenüber über

* Zudem könnte meine Freundin die Karte ja noch an jemand anderen verkaufen und damit zumindest einen Teil des Verlustes wett machen – wenn nicht sogar ein Geschäft damit machen.

die wahren Kosten zu täuschen, die man selbst tragen muss, wenn man ein Sturkopf bleibt. So kann meine Freundin beispielsweise behaupten, dass sie schon seit frühester Jugend immer, immer, immer mal auf ein Konzert dieser Jungs gehen wollte und dass das ein alter Jugendtraum ist – das signalisiert mir, dass der Nutzen ihres Konzertbesuchs möglicherweise so hoch ist, dass sie sogar dazu bereit ist, mich zu versetzen. Aber spätestens, wenn sie sich vier Wochenenden hintereinander einen Jugendtraum erfüllt hat, werde ich wohl misstrauisch.

Jetzt haben wir die ganze Zeit von Konflikten gesprochen, die eine Einigung erfordern. Die hier angestellten Überlegungen gelten aber generell für viele Konflikte. Ein Beispiel dafür ist der Ortsteil, in dem ich wohne. Hier haben wir zu meinem Leidwesen nur einen Eisladen. Nicht nur, dass dort im Sommer die Leute Schlange stehen, nein, der Kerl ist auch ganz schön teuer, wohl auch, weil es keine Konkurrenz gibt. Eine Erklärung für die mangelnde Konkurrenz wäre natürlich, dass meine Heimatstadt so klein ist, dass sie nur einen Eisverkäufer ernährt. Doch dieses Argument ist nicht ganz schlüssig: Warum muss es denn ausgerechnet der derzeitige Eisverkäufer sein, den meine fatale Sucht ernährt? Warum kommt nicht ein neuer Konkurrent, bietet das Eis billiger an und verdrängt damit den teuren Konkurrenten? Eine Erklärung, die ich anzubieten habe, hängt mit den obigen Überlegungen zusammen.

Denken wir einmal nach: Was kann passieren, wenn ein neuer Eisverkäufer eröffnet und seine Produkte ein wenig billiger anbietet? Wenn wir unterstellen, dass sein Eis von gleicher Qualität und gleichem Geschmack ist und zudem beide Eisbuden direkt nebeneinander liegen, so müssten doch alle Kunden zum neuen, billigeren Anbieter abwandern. Genau das dürfte unser alteingesessener Anbieter auch erwarten. Also was wird er tun? Wohl den Preis senken. Das wiederum kann sich der Neueisanbieter auch schon überlegen, bevor er seine Eisbude eröffnet – und wird entsprechend handeln. Jetzt wird es spannend: Wie stark, glauben Sie, könnte der bereits ansässige Anbieter seine Preise senken, um sich unliebsame Konkurrenz vom Leib zu halten? Na ja, im Zweifelsfall wohl so weit, dass kein Gewinn mehr übrig bleibt, könnte man vermuten. Ich glaube, dass er die Preise sogar noch weiter senken könnte. Der Grund ist recht simpel: Er muss nur eine Zeit lang durchhalten, um den unliebsamen Eindringling von seinem Markt zu vertreiben. Verkauft er lange genug sein Eis, notfalls auch unter dem Einstandspreis, so wird der unliebsame Konkurrent aufgeben – und schon kann der Überlebende wieder die Preise erhöhen. Zudem teilt unser Eismann dem potenziellen Konkurrenten seine Absicht mit, sich notfalls auf einen für beide Seiten teuren Preiskrieg einzulassen. Ist diese Drohung glaubhaft, so wird der unliebsame Eindringling davon absehen, auf diesem Markt einzusteigen.

Jetzt fragen Sie sich natürlich, woher der potenzielle Konkurrent wissen kann, ob diese Drohung glaubwürdig ist. Weiß er nicht, aber er hat einige Anhaltspunkte: Zum einen hat sein Konkurrent bereits einen Laden, Eis, Stühle, Sonnenschirme, und das alles wäre doch verloren, wenn er sich von einem Konkurrenten aus dem Geschäft drängen lassen würde. Insofern muss man die Drohung eines Preiskampfes durch den eingesessenen Konkurrenten umso ernster nehmen, je größer die Investitionen sind, die er bereits in diesem Marktsegment getätigt hat – vor allem, wenn diese Investitionen wertlos werden, sobald er diesen Markt beerdigt.* (Diese Investitionen entsprechen etwa der Konzertkarte, die meine Freundin bereits gekauft hat.) Zum anderen winkt dem Sieger dieses Streites ja wieder die Alleinherrschaft über den kompletten

---

* Natürlich könnte in unserem Beispiel unser Eismann seine Stühle etc. verkaufen und seinen Laden verpachten – das macht seine Drohung etwas unglaubwürdiger.

Markt – dafür lohnt es sich schon einmal, ein Risiko einzugehen. Und je tiefer die Tasche ist, aus der unser alteingesessener Eismann seine vorübergehenden Verluste finanzieren kann, umso eher muss der potenzielle Konkurrent befürchten, dass er es mit dem Preiskampf ernst meint. Zeichnet sich jedoch ab, dass in meiner Stadt zwei Anbieter friedlich nebeneinander leben könnten, dann muss man die Drohung eines vernichtenden Preiskrieges durch den etablierten Eisdielenbesitzer hinterfragen: Wären seine Gewinne aus einer sich an den Krieg anschließenden Monopolsituation abzüglich der Verluste aus dem Preiskrieg wirklich größer als seine Gewinne, die er im Falle einer friedlichen Koexistenz einfahren könnte? Nur dann wird er auch wirklich seine Preise im Falle eines Markteintrittes massiv senken, um die neue unliebsame Konkurrenz zu vertreiben.*

Sie sehen, es kann ganz schön kompliziert sein, Eis essen zu gehen. Dass Beziehungen ohnehin schwierig sind – Schwamm drüber, man muss wirklich nicht Ökonom sein, um das festzustellen, oder?

---

* Offensichtlich bietet mein Ortsteil doch Raum für mehrere Eisdielen, mittlerweile hat sich nur 100 Meter von meiner Stammeisdiele ein zweiter Anbieter niedergelassen – er hat merkwürdigerweise die gleichen Preise wie sein Konkurrent.

Warum es so viele Prognosen gibt
… und nur die wenigsten stimmen

Eine meiner favorisierten Fernsehserien ist »Raumschiff Enterprise« – die ganz alten Folgen natürlich. Und in jeder Staffel findet sich mindestens eine Folge, bei der in irgendeiner Form in der Zeit vor- oder zurückgereist wird. Dort treffen Jim, Pille und Spock entweder sich selbst oder Menschen, die längst gestorben sind oder noch leben werden. Und das Beste an den Reisen in die Vergangenheit: Sie wissen immer, was in der Zukunft passieren wird. Nun steckt in jedem Ökonom auch ein potenzieller Zeitreisender, nur dass uns die Möglichkeiten dazu fehlen, auf Sol 9 zu gehen und damit einen Sprung durchs Raum-Zeit-Kontinuum zu machen. Aber dafür haben wir andere Methoden, einen Blick in die Zukunft zu wagen.

Die Disziplin, die viele unserer Kollegen mit ausgefeilten mathematischen Techniken betreiben, nennt sich vornehm Ökonometrie, und für Uneingeweihte sehen die Artikel in den einschlägigen Journalen aus wie germanische Runen aus der Hand eines Dreijährigen. Im Grunde versuchen unsere Kollegen Folgendes: Sie nehmen Daten aus der Vergangenheit und versuchen, irgendwelche Muster, Regelmäßigkeiten und Zusammenhänge zu erkennen – und diese Muster oder Zusammenhänge werden dann in die Zukunft fortgeschrieben. Mittlerweile ist das Prognosegeschäft der Ökonomen hoch komplex und etwas für echte Experten, und die Ergebnisse sind dem fachunkundigen Publikum nur schwer zu vermitteln, auch wenn diese Methoden oft recht Erfolg versprechend sind. Aus diesen beiden Gründen werden Sie im Alltag oft auf Prognosemethoden stoßen, die weniger wissenschaftlich sind – und damit auch wesentlich anfälliger für Kritik.

Eine recht erfolgreiche Methode besteht beispielsweise darin, viele Prognosen zu machen. Eine alte Weisheit aus dem

Zitateschatz der Prognostiker besagt: Veröffentliche möglichst viele Prognosen und sorge dann dafür, dass man sich nur an jene erinnert, die auch eingetroffen sind. Eine gute Strategie, wie ich finde: Zuerst sorgt man mit einer Fülle von Prognosen dafür, dass die Chancen steigen, mit irgendeiner dieser Prognosen Recht zu behalten, und dann vermarktet man diese »korrekte« Prognose. Das ist dann ungefähr so, als würden Sie mit einer Schrotflinte an den Schießstand gehen und die Schrotkörner, welche die Zielscheibe getroffen haben, als Beleg für Ihre exzellenten Schießkünste ausgeben.

Mit dieser Idee im Hinterkopf kann man beispielsweise einmal einige Börsengurus fragen, wie viele Prognosen sie schon gemacht haben, wenn sie gerade darauf hinweisen, dass eine ihrer Prognosen eingetroffen ist. Wenn ein Analyst im Fernsehen erklärt, er habe mit seiner Prognose Recht behalten, dann ist das nicht weiter verwunderlich: Ein Analyst macht rein berufsbedingt ständig Prognosen. Somit liegt relativ nahe, dass einige davon auch eintreffen. Interessanter wäre es zu wissen, wie hoch seine gesamte Trefferquote ist – doch die erfährt man eigentlich nie. Und selbst wenn er nur eine Prognose pro Jahr macht – je mehr Analysten es gibt, umso größer wird die Wahrscheinlichkeit, dass der Fernsehsender Ihnen irgendeinen Analysten präsentieren kann, der mit seiner Prognose richtig lag. Das sagt dann noch nicht viel über dessen Qualifikation aus.

Eine andere Strategie, für eine richtige Prognose zu sorgen, besteht darin, standhaft zu sein. Nehmen Sie einmal eine Börsenprognose: Wenn die Kurse lange Zeit steigen, dann ist es eigentlich unvermeidbar, dass sie irgendwann auch mal wieder fallen werden. Sie müssen als Börsenguru also nur lang genug vorhersagen, dass die Kurse fallen werden, dann wird Ihre Prognose schon irgendwann auch eintreffen – und schon sind Sie der neue Guru. Dass Sie zwischenzeitlich 50 Prozent nach oben verpasst haben, weil Sie schon seit Ewigkeiten vor dem Crash gewarnt haben, vergessen die Journalisten, die Sie dann interviewen, zumeist. Im Gegenteil, Ihre Standhaftigkeit wird dann gerne als Ausweis besonderer prognostischer Fähigkeiten verkauft: »Seit Jahren schon warnt XY vor einer dramatischen Dollarabwertung«, lese ich da in einem Anreißer einer Zeitung, was mir als Leser wohl suggerieren soll, dass Herr XY schon seit Jahren wusste, dass es einmal so kommen musste. Auf die Idee, sich zu fragen, ob XY sich nicht einfach jahrelang geirrt hat und erst jetzt qua Aussitzen zu einem Mann mit besonderen prognostischen Fähigkeiten mutiert ist, kommt anscheinend niemand. Ist man böswillig, kann man den Anreißer auch als Hinweis auf Inkompetenz interpretieren, genauso gut könnte da ja auch stehen: »Jahrelang lag XY falsch – jetzt hat er endlich auch mal Recht.« Klingt aber nicht so gut, oder?

Börsenprognosen sind sowieso das prominenteste Beispiel dafür, was man bei Prognosen alles falsch machen kann. Meine Favoriten sind dabei die so genannten Technischen Analysten, die, mit Bleistift und Lineal bewaffnet, Wellen und Trends erkennen und dann aus deren Verlauf die Zukunft vorhersagen. Die Grundidee ist also, dass sich alle Zeitreihen in idealtypischen Wellen, Trends oder Mustern bewegen und sich bestimmte Muster immer wiederholen. Ich finde diese Idee mutig, aus mehreren Gründen: Erstens ist es alleine eine Frage des Zeithorizonts, wie ein Abwärts- oder Aufwärtstrend aussieht: Was in einer Wochengrafik wie ein Abwärtstrend aussieht, kann wie ein Aufwärtstrend aussehen, wenn man sich dieselbe Reihe für einen Zeitraum von zwei Monaten ansieht – welcher von beiden Betrachtungszeiträumen ist denn dann der »richtige«?* Eine andere Sache muss nachdenklich

---

* Ein Beispiel: Nehmen Sie die Zahlenreihe 1, 2, 5, 8, 5, 6, 7, 6, 5, 5. Betrachtet man nur die letzten 4 Werte, so zeigt sich ein klarer Abwärtstrend. Betrachtet man die gesamte Zahlenreihe, so ist das doch ein Aufwärtstrend, von 1 auf 5, oder? Betrachten Sie die letzten 8 Werte, so könnte man von einem Seitwärtstrend sprechen.

machen: Wenn es diese Muster wirklich gibt und jeder darum weiß, dann dürften sie bald der Vergangenheit angehören, weil clevere Händler sie ausnutzen würden. Wenn sie definitiv wissen, wann der Tiefpunkt der Abwärtswelle erreicht ist, würden sie kaufen und damit die Kurse nach oben treiben. Wenn ich aber weiß, dass die anderen dies wissen, werde ich schon ein wenig früher einsteigen, bevor dies geschieht. Dies wiederum wissen die anderen ebenfalls – und so weiter. Im Endergebnis kommt heraus, dass das Wissen um solche Wellen und Muster sofort zu Anpassungsreaktionen führen würde, die wiederum diese Muster und Wellen antizipieren und damit auch verändern, wenn nicht sogar zerstören.

Nun gibt es auf kurze Frist noch das ein oder andere Argument, warum solche Methoden funktionieren können – beispielsweise die Idee, dass viele Marktteilnehmer an diese Prognose glauben und nach ihr handeln. Dann wird dieser vorauseilende Gehorsam rasch zu einer selbsterfüllenden Prophezeiung, das Beste, was einem Prognostiker passieren kann: Die Wirklichkeit fügt sich den Wünschen der Vorhersage. Bedenklicher wird diese Methode aber, wenn man damit langfristige Trends prognostiziert: »Technischer Analyst sieht Euro bei 1,20 Dollar in 15 Jahren« lese ich in der Zeitung. Mit Hilfe von Elliot-Wellen und Fibonacci-Zahlen will besagter Analyst eine Zeitreise von knapp 15 Jahren unternommen haben – da bleibt selbst dem Enterprise-Fan die Spucke weg. Alleine auf Grund eines bestimmten Musters, das man in den Daten der vergangenen 30 Jahre gefunden hat, prognostiziert man die folgenden 15 Jahre, indem man annimmt, dass sich das gefundene Muster so fortsetzen wird, ohne sich um fundamentale Dinge wie Zinsen, Wachstum oder Handelsströme zu kümmern (das könnte man auch nicht, weil niemand weiß, wo die Zinsen in 15 Jahren stehen). Natürlich finden sich Zeitreihen, die auf verblüffende Weise gewissen postulierten Regelmäßigkeiten wie beispielsweise den so genannten Elliot-Wellen entsprechen – doch ist das ein Beleg für die Richtigkeit und Allgemeingültigkeit dieser Regelmäßigkeiten und deren Fortdauer in den kommenden 15 Jahren? Stattdessen müsste man sich einmal fragen, wie viele Zeitreihen denn diesem Muster nicht folgen – damit würde die Welt rasch ganz anders aussehen.*

Eine weitere professionelle Prognosetechnik ist das so genannte curve fitting. Hier nimmt man eine Datenreihe und sucht eine mathematische Formel, die diese Datenreihe in der Vergangenheit am besten beschreibt. Man sucht also nach einem formelhaften Zusammenhang, mit dessen Hilfe sich die Vergangenheit am besten beschreiben lässt. Was dann kommt, ist einfach: Man postuliert, dass dieser Zusammenhang auch so in Zukunft gilt – und fertig ist die Prognose. Nun können solche Modelle durchaus funktionieren. Doch eines ist an ihnen nicht beeindruckend, was mir einmal als Wunder verkauft werden sollte: Auf einer Veranstaltung präsentierten stolze Banker mir ein solches Modell und erklärten, dass es extrem leistungsfähig sei, schließlich zeige ja die Grafik, wie gut es funktioniert hätte, wenn man es schon vor zwanzig Jahren gehabt hätte. Das wiederum finde ich frech, denn hier beißt sich der Prognosehund in den Schwanz: Warum ist es so beeindruckend, dass diese Formel die Vergangenheit so gut nachbildet – schließlich war das ja genau das Ziel der zuvor von den Bankern angestellten Berechnungen! Das macht noch keine Aussage über die Tauglichkeit des Modells für die Zukunft.

Das soll nicht heißen, das solche Modelle nicht in der Praxis funktionieren, doch man muss sie mit der gebotenen Sorg-

* Neuere Forschungen zur Neurophysiologie gehen davon aus, dass Menschen sogar süchtig danach sind, Muster zu erkennen. Unser Gehirn belohnt uns mit einer erhöhten Ausschüttung von Dopamin, wir verspüren also Glücksgefühle, wenn wir Prognosen machen. Das führt dazu, daß unser Gehirn auch da gerne Muster sehen möchte, wo es keine gibt.

falt und Zurückhaltung interpretieren (nicht so wie meine Banker dies taten), denn auch sie haben Schwachstellen, beispielsweise die so genannten Strukturbrüche: Wenn irgendwelche Zusammenhänge, die in der Vergangenheit die Entwicklung einer Zeitreihe erklärt haben, zusammenbrechen, dann ist auch unser mathematisches Modell wertlos, denn es beruht ja gerade auf diesen Zusammenhängen. (Paradebeispiel für solche Strukturbrüche ist die deutsche Einheit, die sämtliche Statistiken durcheinander gewirbelt hat.) Zudem braucht man lange Zeitreihen, um sichergehen zu können, dass man überhaupt ein Muster eingefangen hat, das stabil ist und das ich in die Zukunft weiterrechnen kann. Doch oftmals haben wir nur recht kurze Zeitreihen zur Verfügung, und je kürzer diese Zeitreihen, um so geringer ist ihre statistische Aussagekraft.

Gerade Aktienkurse sind besonders interessant für die Prognose, doch vermutlich gibt es nur wenige Zeitreihen, die in einer kurzen Frist so sehr Zufallsschwankungen unterliegen wie Aktienkurse. Der amerikanische Ökonom Steven Landsburgh hat ein sehr schönes Bild bemüht, um die Entstehung von Aktienkursen zu erklären: Stellen Sie sich ein Roulette-Rad vor, auf dem nicht die Aktienkurse, sondern deren tägliche Veränderungen abgetragen werden. Und jeden Tag wird die Kugel gerollt und zufällig eine Veränderung ausgewahlt. Manche Veränderungen wie plus 0,1 Prozent oder minus 0,1 Prozent sind relativ häufig auf dem Roulette-Rad zu finden, manche wie ein Sturz um 10 oder 20 Prozent nur recht selten. Aber es gibt diese Felder. Und wenn die Kugel auf dieses Feld fällt, dann fällt der Kurs eben um 10 oder 20 Prozent.

Jetzt werden Sie sicherlich protestieren: Was, wenn die Deutsche Bank ein Kaninchen zum Vorstandsvorsitzenden macht – dann würde der Kurs doch dramatisch fallen, und das wäre dann kein Zufall, sondern eine logische Konsequenz! Das ist richtig, aber widerspricht nicht dem Roulette-Bild: Irgendwo gibt es die Wahrscheinlichkeit dafür, dass die Deutsche Bank etwas sehr, sehr Dummes tut und der Aktienkurs auf Tauchfahrt geht, und ein Feld auf unserem Roulette-Rad repräsentiert dieses Ereignis – aber wir kennen weder den Zeitpunkt dieses Ereignisses noch seine genaue Wahrscheinlichkeit. Nicht also die Kursveränderungen selbst werden durch das Roulette-Rad repräsentiert, sondern die dahinter liegenden Ereignisse. Und diese Ereignisse treten nun einmal mit gewissen Wahrscheinlichkeiten ein – wie wollen Sie das denn exakt prognostizieren? Die meisten Felder in unserem Roulette-Spiel repräsentieren mit unterschiedlichen Wahrscheinlichkeiten das Ereignis »Es passiert nichts Besonderes und ein paar Leute kaufen oder verkaufen« – das Ergebnis ist dann eine Kursschwankung, die im Bereich dessen liegt, was wir als »normal« empfinden.

Natürlich gibt es an der Börse Zusammenhänge, die theoretisch sinnvoll sind und die man untersuchen kann. Doch zum einen werden diese beständig von anderen Einflüssen überlagert und zum anderen verändern sie sich vermutlich des Öfteren – manchmal im Ausmaß, aber möglicherweise manchmal sogar in der Richtung, will heißen: Eine Variable, die zuvor eine positive Wirkung auf unser Prognoseziel hatte, hat nun, aus welchen Gründen auch immer, einen negativen Einfluss auf das Ziel. Das zeigt sich ja auch beispielsweise darin, dass man bei der Diskussion um Zusammenhänge an der Börse oft widersprüchliche Aussagen findet, die aber beide theoretisch betrachtet völlig plausibel klingen – und es ja auch sind.

Aber das ist vermutlich noch nicht einmal der Grund dafür, dass viele Menschen diese Methoden meiden oder wenigstens die Ergebnisse vieler schlauer, durchaus auch profunder und wichtiger Studien studieren – die meisten Menschen greifen bei ihren Prognosen zu recht einfachen Heuristiken, also zu Techniken, mit deren Hilfe man die komplexe Realität auf ein intellektuell beherrschbares Maß zurückstutzt. Die wohl am weitesten verbreitete Methode wird von Ökonomen lineare

Extrapolation genannt: Man sieht einen Trend und schreibt diesen einfach eins zu eins in die Zukunft fort. Ist die Bevölkerung also in den vergangenen zehn Jahren stets um rund zwei Prozent geschrumpft, so lässt sich rasch ausrechnen, dass es in soundso viel Jahren keine Deutschen mehr geben wird. Ist die Aktie in zehn Jahren hintereinander jeweils um ein halbes Prozent gestiegen, so kann ich mir ausrechnen, wann ich Millionär bin. Ein Blick in die Medien zeigt, dass diese Methode weit verbreitet ist – was nichts daran ändert, dass sie nicht besonders wissenschaftlich und ergiebig hinsichtlich ihrer Ergebnisse ist.

Dieser Prognosestrategie liegt oft auch ein anderer ebenfalls weit verbreiteter Irrtum zu Grunde, nämlich der Irrtum, dass Ereignisse ein Gedächtnis haben. Nehmen wir einmal an, Sie sind im Casino und haben gesehen, dass nun bereits fünfmal hintereinander »Rot« gefallen ist. Wie hoch schätzen Sie die Wahrscheinlichkeit ein, dass beim sechsten Mal »Schwarz« kommt? Die meisten Menschen liegen hier falsch, denn die Chance, dass Schwarz fällt, beträgt bei jedem Wurf der Kugel 48 Prozent,* unabhängig davon, welche Farbe im Wurf zuvor gefallen ist, denn die Kugel hat kein Gedächtnis, das ihr sagt: »Jetzt ist schon zehnmal Rot gefallen, sollte jetzt nicht mal wieder Schwarz dran sein?«. (Von der Null wollen wir hier einmal absehen.) Natürlich haben Sie Recht, wenn Sie sagen, dass die Wahrscheinlichkeit für sechsmal Rot hintereinander geringer ist als die Wahrscheinlichkeit, dass einmal Rot fällt – aber das gilt erst im Nachhinein. Vor dem Wurf hat jede Farbe immer die gleiche Wahrscheinlichkeit, denn die Kugel hat kein Gedächtnis. Und wenn tausendmal hintereinander Rot gefallen ist – das 1.001ste Mal beträgt die Wahrscheinlichkeit für Rot rund 50 Prozent. Und auch beim 1.002ten Mal.

Wer diesen Gedanken versteht, mag sich jetzt vielleicht über eine Art Aberglauben von Aktienkäufern wundern: Sie

---

* Dass es nicht 50 Prozent sind, liegt an der Null.

kaufen Aktien, weil diese verglichen mit dem einstigen Höchststand jetzt recht billig sind. Mit Blick auf unsere gedächtnislose Roulettekugel muss man diesen Gedanken hinterfragen: Die Aktie war einmal 100 Euro wert – aber das weiß sie doch nicht. Warum sollte der Aktienkurs dorthin zurückkehren? Im Gegenteil kann man sogar argumentieren, dass eine Aktie, die tief gefallen ist, kein gutes Investment ist – warum hat das Ding denn soviel an Wert verloren? Das macht doch nicht gerade Mut, oder? Zumindest gilt: Der Aktienkurs hat keine Erinnerung an einstige Höhenflüge – das ist alles.

In der Praxis kann man noch eine andere Prognosetechnik beobachten, die weniger etwas mit dem Blick in die Zukunft als mit strategischen Überlegungen zu tun hat: Ich prognostiziere das, was allgemein erwartet wird. Das ist eine narrensichere Strategie: Wenn die Menge meiner prognostischen Kollegen richtig liegt, tue ich das auch und kann so nicht schlechter dastehen als der Rest der Zunft. Das funktioniert auch anders herum: Wenn alle kräftig daneben liegen, blamiere ich mich auch nicht wirklich – schließlich haben ja alle daneben gelegen. Das ist zwar keine sehr mutige Strategie, doch sie hat wohl schon manchem Prognostiker den Job gerettet.

Wenn Sie also das nächste Mal im Fernsehen hören, dass Experten erwarten, dass es im Jahr 2040 keine Arbeitsplätze mehr gibt oder dass die Aktienkurse um 20 Prozent steigen werden, fragen Sie sich doch einmal, wie diese Experten denn zu diesem Ergebnis gekommen sind. Und dann erinnern Sie sich einmal daran, wie viele Prognosen Sie schon vernommen haben, von denen Sie nie wieder etwas gehört haben.

Warum man Handys verschenkt

… und was das mit meinem Videorekorder zu tun hat

Ich habe mir ein Mobiltelefon, auf Neudeutsch ein Handy, gekauft. Endlich. Nachdem ich mich ein paar Jahre lang standhaft mit dem Verweis geweigert habe, dass ich mich nicht für so wichtig halte, dass ich dauernd erreichbar sein müsste. Aber irgendwann habe ich aufgegeben. Nicht, dass ich meine Meinung wirklich geändert habe, ich fühlte mich eher genötigt.

Wie ist das passiert? Immer mehr Gesprächspartner fragten mich nach meiner Mobilnummer, und für immer mehr Gesprächspartner war es selbstverständlich, dass man auch unterwegs erreichbar ist. Und immer öfter erntete ich ein erstauntes Hochziehen der Augenbrauen, wenn ich mitteilte, dass ich kein Mobiltelefon habe. Irgendwann wurde mir klar, dass ich nachziehen muss, wenn ich nicht als steinzeitlicher, fortschritthassender Anachronismus vor meinen Gesprächs- und Geschäftspartnern dastehen und meine Geschäftsbeziehungen aufrechterhalten wollte.

Ich bin ein Opfer geworden, Opfer eines mächtigen Effektes, den Ökonomen als Netzwerkeffekt bezeichnen und der sich am besten am Beispiel eines Telefons erklären lässt. Nehmen Sie einmal an, es gebe auf der ganzen Welt nur ein Telefon. Wie hoch wäre dann der Nutzen dieses Telefons? Wohl gleich null, denn wen will ich damit anrufen? Kommt jedoch ein zweites Telefon hinzu, so steigt der Wert meines Telefons deutlich – endlich kann ich damit jemanden erreichen. Und mit jedem weiteren Telefon, das nun dazu kommt, steigt der Nutzen meines eigenen Telefons. Doch nicht nur der Nutzen meines Telefons steigt mit jedem weiteren neuen Apparat, auch der Nutzen aller anderen Telefone steigt an. Und jeder weitere Käufer eines Telefons erhöht mit seinem Kauf automatisch den Nutzen aller anderen Telefonbesitzer, weil er die Menge derjenigen erhöht, die man nun telefonisch erreichen kann.

Und irgendwann wird dieser so genannte Netzwerkeffekt sehr mächtig: Je mehr Menschen ein Telefon besitzen, umso größer wird der Nutzen eines Telefons und umso attraktiver wird ein Telefon auch für Nicht-Telefonbesitzer und sie ziehen nach. Ein solcher Effekt wird spätestens dann zu einer Lawine, wenn die Anzahl der Telefonbesitzer die Anzahl der Nicht-Telefonbesitzer übersteigt, dann passiert den Nicht-Telefonbesitzern das Gleiche wie mir: Man gerät in die Defensive beziehungsweise in die Minderheit. In der Praxis beobachtet man, dass dann die Anzahl der Telefonbesitzer dramatisch schnell zunimmt – der Netzwerkeffekt fordert seinen Tribut.

Diesen Effekt kennen auch die Telefongesellschaften, und sie machen ihn sich zu Nutze: Auf Dauer, das wissen sie, verdienen sie vor allem an den Gebühren für die Gespräche. Doch damit die Leute sprechen, müssen sie Telefone kaufen. Und damit das geschieht, verschenkt man anfangs die Telefone oder bietet sie zu einem symbolischen Preis an. Das billige Telefon lockt, man greift zu und telefoniert – ganz wie die Gesellschaften es beabsichtigt haben. Die verschenkten Telefone bringen rasch viele Menschen in den Besitz eines solchen, und dann entfaltet sich die oben beschriebene Sogwirkung des Netzwerkeffektes. Ist der Markt erst einmal erobert, hat also jeder ein Telefon, kann man auch mit den billigen Telefonen Schluss machen – mittlerweile muss man für ein Mobiltelefon wesentlich mehr hinlegen als den symbolischen Euro.

Ein anderes Beispiel für Netzwerkexternalitäten steht in meinem Wohnzimmer: Es ist mein Videorekorder. Es ist natürlich ein VHS-Rekorder. Natürlich? Haben Sie sich einmal Gedanken gemacht, warum es nur VHS als Videosystem gibt? Früher gab es auch andere, beispielsweise Betamax oder Video 2000, von dem viele sagen, dass es technisch besser sei als VHS. Und trotzdem haben wir alle mittlerweile einen VHS-Rekorder, und schuld daran ist wieder ein Netzwerkeffekt.

In diesem Falle lief dieser Effekt über die Filme, die man ausleihen oder kaufen konnte: Je mehr Filme es für ein System gab, umso größer war der Nutzen des Videorekorders für potenzielle Neukäufer, wenn sie sich einen Rekorder mit dem entsprechenden System kauften. Und jeder neue Besitzer eines Rekorders dieses Systems machte es für die Hersteller von Filmen lukrativer, Filme für dieses System herzustellen und zu verkaufen. Und mit jedem weiteren Film, der somit auf den Markt kam, wurde es für Neukäufer attraktiver, auf das betreffende System umzusteigen, weil es hier eine größere Auswahl hinsichtlich der Filme gab. Selbst wenn alle drei damals konkurrierenden Systeme zeitgleich gestartet wären, hätte sich irgendwann ein System herausgeschält, das die übrigen verdrängt hätte. Welches dies gewesen wäre, kann man nicht sagen, Ökonomen streiten sich, ob sich wirklich immer das technisch beste System durchsetzen würde. In der Praxis tut es das offenbar nicht immer, was auch damit zusammenhängt, dass ein System, das früher startet, einen Vorsprung hat: Es hat bereits einige Benutzer und kann damit die entsprechende Sogwirkung auf die noch unentschlossenen Kunden entfalten. Und wenn die anderen Systeme an den Start gehen, hat das erste System bereits viele Kunden eingefangen und sich vielleicht schon etabliert. Netzwerkeffekte werden auch dafür sorgen, dass in recht kurzer Zeit Videos vollkommen von DVD-Playern verdrängt sein werden, sobald diese alle Funktionalitäten eines Videorekorders (vor allem das Aufnehmen) übernehmen können – zu einem vernünftigen Preis.

Ähnliche Effekte waren auch zugange, als sich die Rechnersysteme etablierten, die mittlerweile Standard sind: Die Microsoft-Produkte haben sich auch deswegen an die Spitze gesetzt, weil es ab irgendeinem Punkt mehr Anwendungen auf Microsoft-Software gab, was einen Microsoft-Rechner attraktiver für potenzielle Neukunden machte. Zudem wurde der Datenaustausch einfacher, wenn man sich für eine Microsoft-

Plattform entschied, weil die Chance hoch war, dass die meisten Leute, mit denen man Daten austauschen wollte, auch Microsoft-Software haben. Das Stichwort Microsoft zeigt auch die Kehrseite solcher Netzwerkeffekte: Unter Umständen können hier rasch Monopole entstehen, mit den damit verbundenen negativen Folgen.

Es gibt noch andere Netzwerke, die solche Netzwerkexternalitäten haben, nämlich menschliche Netzwerke wie Logen, Clubs oder Verbindungen. Das Prinzip ist hier folgendes: Ist man Mitglied eines solchen informellen oder formellen Netzwerkes, so helfen sich die Mitglieder gegenseitig bei ihren Problemen oder Anliegen, und das Versprechen gegenseitiger Hilfe lässt alle Mitglieder des Netzwerkes an einem Strang ziehen. Und je mehr Mitglieder ein solches Netzwerk hat, umso nützlicher wird es für alle Mitglieder, da sich damit die Kontakte und Möglichkeiten des Netzwerkes erweitern. Einen Unterschied gibt es hier allerdings zu technischen Netzwerken: Ein menschliches Netzwerk sollte eine bestimmte Größe nicht überschreiten, damit der Zusammenhalt innerhalb des Netzwerkes groß genug ist. Eine Gemeinschaft von 80 Millionen Menschen – im Volksmund auch Nation genannt – hat nicht den gleichen Zusammenhalt wie ein exklusiver Zirkel von sagen wir einmal 100 Leuten, die sich in einer Loge zusammenschließen. Wenn bei Ihnen also demnächst mal wieder Ihr Handy klingelt und ein Vereinsmitglied Sie um Hilfe bittet, weil sein Rechner abgestürzt ist, dann hat das also einiges mit der Macht von Netzwerkeffekten zu tun.

Warum man Pyramiden meiden sollte

… und wie viel Geld sie kosten

Ich liebe Sitcoms. Das sind Fernsehkomödien, die auf schnellen, spontanen Gags aufbauen – oftmals mit einer Lachmaschine im Hintergrund. In einer dieser Serien entwickelte der Held einmal die Theorie des größten anzunehmenden Idioten, als ein Familienmitglied einen ausgestopften Elchkopf kauft und nach Hause schleppt. Sie lautet wie folgt: Ein Gut, das zu nichts nutze ist, kann trotzdem verkauft werden, und zwar einfach an jemanden, der noch dümmer ist als derjenige, der das unnütze Ding zuletzt gekauft hat. Wenn man also einen unnützen Elchkopf kauft, so muss man sich anschließend nicht über seine Einkaufssucht und seinen Fehler ärgern, sondern einfach nach jemandem suchen, der noch umnachteter ist, als man es selbst beim Kauf des Elchkopfes war. Das geht so lange gut, bis man den größten anzunehmenden Idioten antrifft – das ist der Mensch, der als letzter diesen Gegenstand kauft und niemanden mehr findet, der ihm das Ding jetzt noch abnehmen will. Eine wenig schmeichelhafte Theorie, aber sie hat einen recht ökonomischen Kern, und der hat etwas mit den so genannten Pyramidensystemen zu tun.

Ein Pyramidensystem ist eine Masche, mit der Betrüger Menschen um Geld erleichtern wollen und die auf der Theorie des größten anzunehmenden Idioten aufbaut. Mir selbst ist einmal ein solches System über den Weg gelaufen, als meine Eltern Werbung auf öffentlichen Toiletten machen sollten. Und das ging so: Ein befreundetes Ehepaar nahm meine Eltern mit zu einer Veranstaltung, bei der es ums Geldverdienen gehen sollte – aus Neugier gingen meine Eltern mit. Die Idee der dort vortragenden Geschäftlhuber lautete: Werbung auf der Innenseite öffentlicher Toiletten sei ein Wachstumsmarkt – also wolle man diesen bisher ungenützten Werberaum vermarkten. Und das sollte folgendermaßen funktionieren: Jeder, der in dieses System neu einsteigen wolle, müsse zunächst zehn Anzeigen auf öffentlichen Klotüren selbst verkaufen. Hat das betreffende Mitglied erst einmal diese zehn Anzeigen verkauft, so steigt es in der Hierarchie des Systems eine Stufe auf und kann nun selbst neue Mitglieder ködern, die Anzeigen verkaufen wollen – die nach dem Verkauf von zehn Anzeigen wiederum auch aufsteigen und neue Mitglieder werben dürfen. Und von deren Verkaufserlös erhält dann das in der Hierarchie aufgestiegene Mitglied eine Provision. Die erhält es auch von den Neumitgliedern, welche von denjenigen angeworben wurden, die es selbst angeworben hat – und so weiter. Im Grunde nichts anderes als ein Kettenbriefsystem: Die Initiatoren an der Spitze der Pyramide (um eine solche handelt es sich nämlich) erhalten Verkaufsprovisionen von allen anderen Mitgliedern, die unterhalb von ihnen Anzeigen verkaufen, und je weiter man in der Pyramide oben steht, umso mehr Provisionen streicht man von all denen ein, die in der Pyramide unter einem stehen. Und wie so oft im Leben beißen dann den letzten die Hunde – er erhält von niemandem Provisionen.

Nun, aus der Tatsache, dass meine Eltern immer noch keine Millionäre sind, können Sie schließen, dass hier etwas schief gelaufen ist (bei uns zu Hause klebte noch jahrelang das Namensschild meiner Eltern von dieser Veranstaltung an einer Tür – raten Sie mal, wo). Was dort schief gelaufen ist, lässt sich an einer einfachen Geschichte festmachen, nämlich den Reiskörnern auf einem Schachbrett. Angeblich gewährte ein antiker König dem Erfinder des Schachbretts einen Wunsch, und dieser verlangte danach, Reis zu bekommen, der auf jedem Feld des Schachbrettes verdoppelt werde sollte. Das heißt, auf das erste Feld eines Schachbrettes wird ein Korn gelegt, auf das zweite Feld zwei Körner, auf das dritte Feld vier Körner und so weiter. Der König willigte erfreut über die Bescheidenheit des Mannes ein – und musste rasch erkennen, dass dieser Wunsch alles andere als bescheiden war. Auf Feld 3 sind es 4 Körner, auf Feld 11 sind es 1024 Körner, auf Feld 30 sind es dann fast 537 Millionen Körner.

Übertragen Sie bitte dieses Beispiel auf unsere Klotüren-Jungs, dann wird rasch klar, was da passiert: Der erste Mensch verkauft zehn Anzeigen, seine zwei Stellvertreter müssen dann zusammen 20 Anzeigen (zwei Vertreter mal zehn Anzeigen) verkaufen, wenn diese dann wiederum je zwei Mitglieder werben, sind es zehn Anzeigen mal vier Vertreter gleich 40 Anzeigen, die verkauft werden müssen, im nächsten Schritt sind es dann schon 80 Anzeigen – und wir sprechen hier jetzt erst von insgesamt 15 Leuten in unserer Pyramide, die zusammen dann 150 Anzeigen verkaufen müssen, und auf der nächsten Stufe kommen weitere 16 Leute – sprich: 160 Anzeigen hinzu. Jetzt sind wir schon bei 31 Leuten in der Pyramide, aber erst in Stufe vier. Und rasch sind sie bei einer Anzeigen- und Vertreterzahl, die Sie niemals verkaufen könnten, auch wenn Durchfall zur neuen Volksseuche werden würde. (Der Trick unserer Klogeschaftlhuber beruhte vielmehr darauf, dass die neu gewonnenen Mitglieder – viele Selbstständige – die Anzeigen an sich selbst verkauften, um aufzusteigen und dann von den Provisionen zu leben.) Und sobald sich nicht mehr genügend Menschen finden, die Klotüranzeigen verkaufen wollen, bricht das Provisionssystem zusammen. Und diejenigen, die als Letzte eingestiegen sind, also nur verkauft haben, Provisionen weitergereicht und keine Provisionen selbst kassiert haben, sind – Sie erahnen es – diejenigen, die in meinem Sitcom-Beispiel einen Elchkopf als Letzte kaufen würden.

Dieses Muster gilt grundsätzlich für alle Pyramidenspiele – die in der Bundesrepublik übrigens verboten sind. Man ködert die Menschen mit Gewinnen, die dadurch entstehen, dass das Spiel immer neue Mitspieler findet. Doch die Zahl der Mitspieler ist begrenzt und das Limit ist rascher erreicht, als man es vermutet. Und die Initiatoren dieser Gewinnspiele machen ihren Schnitt damit, dass sie am Anfang der Pyramide stehen und alle Gelder kassieren, die von unten an die Spitze gespült werden. Und diejenigen, die am Ende der Pyramide als Letzte einzahlen, sind der Theorie meiner Lieblingsfernsehserie zufolge die letzten Elchkopfkäufer – nach ihnen findet sich niemand mehr, der bereit ist, sich unter ihnen einzuordnen. Das ist dann auch immer der Moment, in dem solche Systeme zusammenbrechen: Sobald klar ist, dass sich niemand mehr findet, der das System mit Geld füttert, bricht es zusammen.

Eine andere Version der Pyramidenspiele besteht darin, unter dem Versprechen hoher Gewinne Geld einzusammeln und denjenigen, die zuerst eingezahlt haben, aus ihren eigenen Einzahlungen »Gewinnausschüttungen« zukommen zu lassen. Die hohen »Gewinne« ziehen automatisch weitere Leute an, die Geld einzahlen, und aus diesen Geldern kann man dann unbesorgt weitere »Gewinne« ausschütten, die dann weitere Anleger anlocken. Das funktioniert so lange, wie sich immer neue Anleger finden, die bereit sind, ihr Geld in diese windige Angelegenheit zu investieren. Aus deren Einzahlungen werden dann weiter tapfer »Gewinne« ausgeschüttet. Doch sobald sich keine neuen Anlegergelder mehr einsammeln lassen – in der Sprache meiner Fernsehserie würde man jetzt sagen: niemand mehr findet, der den Elchkopf kauft – bricht das ganze System zusammen, da nun keine Gelder mehr zur Verfügung stehen, aus denen man die Gier der Anleger nach »Gewinnen« befriedigen kann. Und kurz bevor dieser Moment eintrifft, ergreifen die Initiatoren der Pyramide das Hasenpanier – selbstverständlich mit den restlichen Anlegergeldern.

Nun entstehen Pyramidenspiele manchmal auch ungewollt und ohne Initiatoren – zum Beispiel an den Aktienmärkten. Falls Sie sich noch schmerzlich an die Ereignisse der Jahre 2000 bis 2002 erinnern, dürfte Ihnen das rasch klar werden: Die Aktienkurse kletterten immer höher und lockten immer neue Anleger an, was die Kurse weiter nach oben trieb. Immer mehr Menschen investierten, und immer schneller kletterten die Kurse. Bereits Ende 1999 gab es Stimmen, die sagten, dass Aktien viel zu teuer seien – doch die Kurse stiegen weiter. Und das taten sie deswegen, weil sich immer wieder neue Anleger fanden, die bereit waren, Aktien zu sehr hohen Preisen zu kaufen. Doch irgendwann hatte dann jeder, der an Aktien glaubte, investiert. Und als dann die ersten Verkäufe einsetzten, wurde auf einmal klar, dass sich keine neuen Anleger mehr fanden, die jetzt noch zu diesen Preisen Aktien kaufen wollten. Jetzt wurden Aktien zum Schwarzen Peter respektive zum Elchkopf: Wer sie zuletzt gekauft hatte und sozusagen der Letzte in der Kette der Aktienkäufer war, konnte diese nur noch mit Verlust verkaufen.* Wie auch in den Pyramidenspielen haben hier den Letzten die Hunde gebissen.

Das Fatale an diesem Börsencrash war, dass es auch durchaus clever sein konnte, Aktien zu kaufen, auch wenn man wusste, dass sie viel zu teuer waren. Solange man immer noch jemanden finden würde, der an die hohen Kurse der Aktien glaubt, konnte man Aktien kaufen und sie mit Gewinn weiterreichen, es kam ja nicht darauf an, dass die Aktien dieses Geld wert waren, sondern dass sich jemand fand, der glaubte, dass sie das wert waren. Oder der glaubte, dass er jemanden finden kann, der glaubte, dass sie das wert waren. Auch wenn man also durchschaut, dass es sich hierbei um ein Pyramidensystem handelt, kann es sogar clever sein, dabei zu sein, man muss nur so weit wie möglich am Anfang der Pyramide stehen und den Zeitpunkt erwischen, zu dem man aussteigt. Mit anderen Worten: Sie dürfen nur nicht der Letzte sein, denn dann beißen Sie die – na, Sie wissen schon.

---

* In den Medien sprach man immer davon, dass das Geld vernichtet respektive verbrannt worden sei. Das stimmt so nicht, es hat nur schlichtweg den Besitzer gewechselt, aber im physischen Sinne wurde kein Geld vernichtet. Eine alte Börsenweisheit: Ihr Geld ist nicht weg, es hat nur jemand anderes.

Nun haben Sie oben gelesen, dass organisierte Pyramidenspiele in Deutschland verboten sind. Das stimmt allerdings nicht ganz, es gibt in der Bundesrepublik ein System, das wie folgt funktioniert: Man zahlt einer Gruppe von Menschen ein Einkommen aus Beiträgen, die von einer anderen Gruppe aufgebracht werden. Dafür verspricht man den Mitgliedern der anderen Gruppe, ihnen auch ein Einkommen zu zahlen, und zwar von den Geldern derjenigen, die nach ihnen einzahlen werden. Damit ist man dann darauf angewiesen, dass sich eine neue Gruppe an Beitragszahlern findet, die diese Einkommen der zweiten Generation dann wieder finanziert – und so weiter. Und wenn die Pyramide der Beitragszahler irgendwann am Ende ist, ist auch dieses System am Ende, und diejenigen, die zuletzt Beiträge gezahlt haben, sind in der Sprache meiner Sitcom diejenigen, die nun mit einem Elchkopf dastehen. Das Fatale daran: Sie sind es nicht etwa, weil sie so dumm oder naiv wären, sondern weil der Staat sie schlichtweg dazu nötigt, an diesem System teilzunehmen. Das System, von dem ich hier spreche, ist die staatliche Rentenversicherung, deren größtes Problem es ist, dass die Bevölkerungspyramide (achten Sie auf das Wort »Pyramide«!) allmählich auf den Kopf gestellt wird: Es wachsen zu wenige Beitragszahler nach, die jene Renten finanzieren könnten, die der Staat den aktuellen Beitragszahlern versprochen hat. Vielleicht sollten unsere Politiker ab und an mal Sitcoms sehen.

Warum Kommunalpolitiker religiöse Menschen sind
… und was das mit Fußgängerzonen zu tun hat

Meine Eltern wohnen auf dem Land, mit dem Auto eine gute Stunde von der nächsten Metropole entfernt. Das Einzige, was diese Gegend mit dem Rest der Welt verbindet, ist eine Autobahn. Verlässt man die Autobahn, so kommt man in einen der mittlerweile unvermeidlichen Kreisel, der allerdings nur zwei Ausfahrten hat: eine, die ich nehmen muss, um in den Ort meiner Eltern zu gelangen, und eine, die ins Nichts führt. Nun gut, nicht direkt ins Nichts, an die Ausfahrt schließt sich eine lange Straße mit Laternen an, zu deren rechter und linker Seite sich leere, eingeebnete Flächen erstrecken, so weit das Auge reicht. Auf Nachfrage erklären meine Eltern mir, dass dort ein Gewerbegebiet entstehen soll – sich dort aber seit Monaten nichts getan hat.

In meinen Augen ist diese Ausfahrt ein klassisches Beispiel dafür, dass auch Politiker, besonders kommunale oder regionale Fürsten, im Grunde ihres Herzens zutiefst religiöse Menschen sind, verehren sie doch die gleichen Götter wie die Ureinwohner einiger pazifischer Inseln. Denen passierte nämlich Folgendes: Während des Zweiten Weltkrieges errichteten die amerikanischen Streitkräfte Stützpunkte auf vielen dieser Inseln und bescherten ihren Einwohnern damit einen ungeahnten Boom. Kisten mit Proviant wurden von Fliegern falsch abgeworfen und von den Eingeborenen im Dschungel eingesammelt, an ihre Strände wurde Strandgut von den amerikanischen Fliegern oder Booten angespült, sie fanden Fallschirme im Urwald und und und. Kurzum: Den Ureinwohnern wurde durch die Anwesenheit der amerikanischen Stützpunkte ein bisher nicht gekannter Wohlstand beschert.

Doch als der Krieg vorbei war, verschwanden die Amerikaner, keine Kisten wurden mehr angespült, kein Proviant fand sich mehr im Dschungel oder an den Stränden, die fremden Wohltäter verschwanden und der schöne Traum vom Reichtum löste sich in Luft auf. Was tun? Die Ureinwohner fanden eine recht originelle Lösung, die man in der Literatur seitdem als »Cargo-Cult« bezeichnet: Sie bauten Landebahnen, errichteten aus Holz Attrappen, die den Wachtürmen der Amerikaner ähnelten, ja sie patrouillierten sogar mit nachgebauten Helmen und Holzgewehren entlang der Landebahnen in der Hoffnung, dass damit die ersehnten großen Flieger und mit ihnen der entschwundene Reichtum zurückkehren würden.

Sie schmunzeln über diese Geschichte? Das tut fast jeder, doch kommen wir einmal zurück zu dem schönen Kreisel hinter der Autobahnabfahrt zu meinen Eltern und dem dort ausgewiesenen Gewerbegebiet. Hinter der Einrichtung eines Gewerbegebietes steht immer das Begehren der regionalen Fürsten, Arbeitsplätze in ihre Region zu ziehen. Und die Arbeitsplätze kommen eben nur, wenn auch Unternehmen kommen. Also muss man Unternehmen in die Region locken, und genau hier setzt die Idee eines Gewerbegebiets an: Man baut einen Autobahnanschluss, planiert eine große Fläche, stellt vielleicht sogar noch ein paar Gebäude hin und nennt das Ganze dann »Gewerbegebiet«. Wenn Sie jetzt an den Cargo-Kult denken, kommen Ihnen da keine Zweifel an dieser Strategie?

Im Grunde ist das Gewerbegebiet in einer strukturarmen Region auch eine Art Cargo-Kult: Man planiert eine Fläche, baut einen Autobahnanschluss – und schon kommen die Arbeitsplätze. Ebenso hätten auf den Inseln die Amerikaner wieder zurückkommen können – schließlich gab es ja Landebahnen, welche die Eingeborenen gebaut haben, und Wachpersonal und Wachtürme waren auch vorhanden. Hier ist uns sofort klar, warum trotzdem keine Amerikaner mehr gekommen sind, aber bei unseren Gewerbegebieten fragen wir uns, wieso die Unternehmen nicht begeistert in Scharen herbeieilen, wenn irgendwo ein Autobahnanschluss, ein Kreisel und eine planierte Ebene ins Nichts gestellt werden. Diese bizarre Denke lässt sich auch bei anderen kommunalen Projekten nachweisen: Bei mir zu Hause beklagt sich der lokale Einzelhandel über mangelnden Zuspruch der Kunden, weil diese alle in die nächste benachbarte Großstadt ziehen, wo sie alles bekommen, was sie benötigen. Und für den täglichen Bedarf zieht es meine Mitbürger nicht in die Innenstadt meines Heimatortes, sondern in einen großen Einkaufskomplex auf der grünen Wiese knapp vor den Toren der Stadt. Das will man im Stadtrat natürlich so nicht hinnehmen (Warum eigentlich? Dürfen die Bürger nicht dort einkaufen, wo sie es gerne möchten?), und deswegen sinnt man auf Gegenmaßnahmen, um die Geschäfte in der Innenstadt zu fördern.

Und was fällt unseren religiösen Kommunalpolitikern ein? Natürlich eine Fußgängerzone, das müsste doch die Kunden zurückbringen! Warum dies so sein soll, bleibt allerdings das Geheimnis meiner Stadtoberen, zunächst muss man sich doch einmal fragen, warum denn mehr Menschen in der Stadt einkaufen sollen, nur weil dort ein paar Blumenkübel mehr stehen und man nunmehr nicht mehr an einer Ampel warten muss, um von der rechten Seite der Straße auf die linke zu kommen. Im Gegenteil lässt sich sogar argumentieren, dass die fehlende Möglichkeit, direkt vor der Geschäftstür zu parken, einige lauffaule Kunden sogar noch vertreibt.* Auch diese Fußgängerzone scheint mir eine Ausgeburt des Cargo-Kultes zu sein: Machen wir einfach eine Fußgängerzone aus unserer bisher gemiedenen Innenstadt, und schon werden die Kunden in Scharen strömen. Warum sollten sie?

Der Denkfehler, der hinter solchen Cargo-Kult-Handlungen steht, wird in der Wissenschaft vornehm als post ergo propter hoc verkauft, oder auf Deutsch: Weil etwas zeitlich

---

* Das scheint zumindest für Teile meiner Mitbürger zu stimmen: Als der Stadtrat eine Parkgebühr in der Innenstadt einführte, beklagten die Händler bald einen Rückgang ihrer Umsätze.

nach einem anderen Ereignis eingetreten ist, wird das vorangegangene Ereignis als die Ursache für das nachfolgende Ereignis vermutet. Unsere Eingeborenen sahen, dass Landebahnen gebaut wurden und dann die Flieger kamen – also sind die Landebahnen die Ursache und der Auslöser für das Erscheinen der Flieger. Ähnlich verhält es sich bei unserer Fußgängerzone: Weil in Fußgängerzonen immer viele Kunden sind, ist die Fußgängerzone in den Augen der Kommunalpolitiker die Ursache und der Grund für die vielen Kunden. Und unser Gewerbepark beruht auf dem Trugschluss, dass Unternehmen sich irgendwo ansiedeln, nur weil dort ein Autobahnanschluss und ein Baugelände sind – eine Beobachtung, die für fast alle Unternehmen gilt, ohne dass man behaupten könnte, dass jeder Autobahnanschluss und jedes Baugelände die Ansiedelung von Unternehmen nach sich zieht.

Möglicherweise schafft man mit solchen Baumaßnahmen bessere Voraussetzungen für eine Ansiedelung von Unternehmen, doch es ist blauäugig zu glauben, dass hier das Prinzip post ergo propter hoc gilt. Nun können Sie natürlich behaupten, dass es doch wichtig ist, dass die Kommune die Voraussetzungen für die Ansiedelung von Unternehmen schafft. Das ist richtig, doch würde man einmal die Kosten verschiedener Politikalternativen und deren zu erwartenden Nutzen beziehungsweise die Chance, dass diese Politik zündet, nüchtern gegenüberstellen, dann würden vermutlich viele Gewerbegebiete nicht gebaut.

Das Gleiche gilt für die Fußgängerzone in meiner Heimatstadt: Hätte man sich in der Region etwas näher umgesehen, so hätte man rasch folgenden Befund feststellen können: In unmittelbarer Nähe befinden sich zwei große Zentren und in 40 Autominuten Entfernung ist eine der größten Städte des Rhein-Main-Gebiets. Hinzu kommt, dass viele meiner Mitbürger in eines dieser Zentren pendeln, weil sie dort arbeiten – und oft kaufen sie dann dort gleich ein. Strich drunter: Die Konkurrenz in der Nachbarschaft ist einfach zu groß, hinzu kommt das Einkaufszentrum auf der grünen Wiese, das der Bequemlichkeit meiner Mitbürger entgegenkommt – das sind einfach keine Voraussetzungen für eine Fußgängerzone. Ich fürchte, dass meine Stadtoberen sie dennoch bauen werden, zu groß ist der Glaube an den mächtigen Cargo-Kult, und vor allem: Es ist ja nicht ihr Geld, das sie da im Beton versenken.

Warum man für alle Klausuren lernen sollte
… und was uns das fürs Arbeitsleben lehrt

An der Universität, an der ich einmal beschäftigt war, war eine seltsame Praxis der Studenten zu beobachten: Von drei Teilbereichen, die für eine Examensklausur relevant waren, lernten viele Studenten nur zwei und kassierten im dritten Teilbereich sehenden Auges eine Fünf. Da der Teilbereich, für den die Studenten bevorzugt nicht lernten, derjenige war, der von unserem Lehrstuhl angeboten wurde, interessierten mich natürlich die Motive für diese doch etwas befremdliche Strategie – also befragte ich mehrere Studenten. Sie lieferten allesamt die gleiche Antwort ab: »Euer Teil ist uns zu viel Arbeit und das ist zu schwer – da nehmen wir lieber die ganze Zeit und lernen besser für die anderen beiden Klausuren, das bringt mehr«, lautete die mehr oder weniger einstimmige Antwort der angehenden Zwei-Drittel-Jungakademiker.

Auf den ersten Blick wirkt diese Strategie überzeugend: Ich lerne eben für zwei Fächer »richtig«, sahne dort gute Noten ab und lasse dafür Fach Nummer drei sausen. Damit verbessere ich meinen Notendurchschnitt und reduziere auch meine Arbeitsbelastung. Nun gut, grundsätzlich habe ich viel übrig für Lösungen, die Arbeit und Zeit sparen (deswegen bin ich Ökonom geworden), doch in diesem Fall ist das Kalkül falsch. Ich behaupte: Wer bei gleichem Zeitaufwand für alle drei Klausuren lernt, fährt besser. Und die Begründung dafür ist eine sehr ökonomische. Überlegen wir einmal sehr genau: Unser Ziel ist es, mit gegebenem Arbeitsaufwand eine möglichst gute Note zu schreiben. Nun gut, jetzt muss ich mich doch nur noch fragen, wie ich meine Arbeitszeit auf die drei Themenkomplexe der Klausuren so verteile, dass die Summe der drei Noten möglichst gut wird. Wohlgemerkt, wir reden hier nicht von der Strategie, für jede der drei Teilklausuren eine möglichst gute Note abzustauben, es geht darum, im Durchschnitt der drei Klausuren möglichst gut dazustehen. Grundsätzlich stehen dafür drei Strategien zur Verfügung: Ich lerne nur für eine Klausur und kassiere bei den beiden anderen Klausuren eine Fünf, ich lerne nur für zwei Klausuren und plane eine Fünf ein oder ich lerne für alle drei Klausuren.

Spielen wir einmal die erste Strategie durch: Ich konzentriere all meine Fähigkeiten auf die erste Klausur. Im Bestfall spielt mir diese Strategie eine Eins bei der betreffenden Klausur ein (mehr geht nicht); zusammen mit den beiden Fünfern aus den anderen Klausuren ergibt das eine Drei minus. Auch mit einer Zwei in der gelernten Klausur hätte man noch das Klassenziel – Bestehen – erreicht, im Schnitt hätte man dann mit einer Vier abgeschlossen. Doch schon bei einer Zwei minus wäre man durchgefallen. Jetzt kommt folgende Überlegung ins Spiel:Was wäre denn, wenn ich einen Teil meiner Lernzeit für Klausur Nummer eins abzwacke und in Klausur Nummer zwei stecke? Und nehmen wir einmal an, ich schaffe in Klausur Nummer zwei eine Vier. Dann hätte ich im Optimalfall eine Drei (eins plus vier plus fünf geteilt durch drei Klausuren) und im Ernstfall würde ich sogar mit einer Drei in Klausur Nummer eins noch bestehen: Eine Fünf, eine Drei und eine Vier ergeben zusammen eine glatte Vier.

Jetzt kommt die entscheidende Frage, die klar macht, warum Strategie Nummer zwei besser ist als Nummer eins. Was glauben Sie ist leichter: in Klausur Nummer eins von einer Zwei auf eine Eins zu kommen oder in Klausur Nummer zwei von einer Fünf auf eine Vier? Wenn Sie der Ansicht sind, dass es einfacher ist, sich von einem Kenntnisstand, der gleich null ist, auf einen Kenntnisstand emporzuarbeiten, der wohlwollend noch mit »ausreichend« bewertet werden kann, als sich von einem guten Kenner der Materie zu einem Experten zu machen, dann müssen Sie Strategie Nummer zwei wählen. Und einiges spricht dafür, dass diese Strategie Erfolg versprechender ist.

Da ist zum einen das Risiko: Bei Strategie Nummer eins setzen Sie darauf, dass Sie die Klausur voll im Griff haben – kommt nur eine Frage, die Sie auf dem falschen Fuß erwischt, so droht Ihnen das gesamte Notenkalkül zusammenzubrechen. Und dieses Risiko ist nicht zu unterschätzen: Wer eine Eins haben will, muss nachweisen, dass er exzellente Kenntnisse der Materie hat, die deutlich über dem Durchschnitt liegen. Diese Kenntnisse zu erwerben, ist wesentlich mühsamer und zeitaufwendiger, als sich das Durchschnittswissen über das betreffende Fach anzueignen – womit wir beim Thema Arbeitsaufwand wären. Der Arbeitsaufwand ist bei Strategie zwei besser verteilt: Statt in einem Fach bis in die kleinsten Verästelungen hinabzusteigen – die zudem oft auch wesentlich schwieriger zu lernen und zu verstehen sind – kann man sich in der gleichen Lernzeit die einfachsten Grundkenntnisse in Fach Nummer zwei aneignen, wenn man den Lernaufwand bei Klausur Nummer eins reduziert und auf diesem Weg mit dem gleichen Arbeitsaufwand seine Notenchancen verbessert. Nehmen wir einmal an, einer der Klausurteilbereiche sei Botanik, der andere Genetik. Um die letzten Winkel der Genetik auszuloten, müssten Sie wesentlich mehr Arbeit investieren, als in der Botanik wenigstens ein paar Bäume und Pflanzen auswendig zu lernen – Kenntnisse, die Sie im Zweifel rascher von der Fünf auf die Vier befördern als der Lernaufwand, der in Genetik notwendig ist, um von der Zwei auf die Eins zu kommen.*

Um es etwas abstrakter zu formulieren: Bei den meisten Tätigkeiten verhält es sich so, dass mit steigendem Arbeitsaufwand die zusätzlichen Erträge dieses Aufwandes abnehmen. Je länger und intensiver man sich einer Aufgabe, einem Fach widmet, umso schwieriger wird es, hier weitere Fort-

---

* Zudem kommt noch hinzu, dass Sie bei Klausur Nummer eins nicht mehr als eine Eins abstauben können – egal, wie viel Sie lernen. Da besteht auch rasch die Gefahr, dass Sie zu viel lernen.

schritte zu erzielen. So geht es einem beispielsweise auch, wenn man ein Instrument erlernt: Die ersten Fortschritte stellen sich rasch ein, doch dann kommt eine Phase, in der man nur noch mühselig Fortschritte macht – das ist dann oft der Punkt, an dem viele die Musik aufgeben. Wenn es sich nun aber so verhält, dass man von 0 auf 50 schneller kommt als von 50 auf 100, dann macht Strategie Nummer eins in unserem Klausurenbeispiel keinen Sinn. Ich verzichte darauf, die letzten, sehr mühsamen Meter auf dem Weg zum garantierten Einser-Studenten zu gehen (oder sogar zu viel zu lernen) und stecke ein wenig Zeit in Klausur Nummer zwei, um hier mit dem gleichen Lernaufwand relativ gesehen raschere Fortschritte zu machen, die sich dann auch in der Note äußern. Um es auf den Punkt zu bringen: Ich glaube, dass es leichter ist, in einer Klausur von einer Fünf auf eine Vier zu kommen als von einer Zwei auf eine Eins. Und wenn dem so ist, dann ist es immer sinnvoll, Strategie Nummer zwei zu fahren und ein wenig Arbeit auch in die zweite Klausur zu stecken – auf diesem Weg erreiche ich mit dem gleichen Arbeitsaufwand ein besseres Ergebnis als mit Strategie Nummer eins.*

Gut, werden Sie jetzt sagen, dann haben die Studenten in unserem Eingangsbeispiel ja richtig gehandelt. Nicht ganz, denn jetzt kommt der letzte gedankliche Klimmzug: Warum soll das, was für zwei Klausuren gilt, nicht auch für drei Klau-

---

* Theoretisch korrekt muss man hier eine Einschränkung machen: Wenn Sie im Fach der einen Teilklausur wirklich nichts können und wissen, dann kann es in der Tat mehr Sinn machen, mit der Klausur erst gar nicht anzufangen. Handelt es sich bei Klausur Nummer eins um Latein, bei Klausur Nummer zwei um Genetik, und Sie wissen auch rein gar nichts über Genetik, dann kann der Aufwand für Klausur Nummer zwei zu hoch werden. In meinem Beispiel geht es aber um Klausuren, die alle aus dem Gebiet der Wirtschaftspolitik stammen, sodass keiner der Teilnehmer unbeleckt war – zudem hatten die meisten ja auch die Vorlesung besucht, sodass sie sicherlich nicht bei null hätten anfangen müssen.

suren gelten? Indem ich meinen Arbeitsaufwand gleichmäßig auf alle drei Klausuren verteile, lerne ich für jedes Fach das Einfachste, was sich mit dem geringsten Lernaufwand erlernen lässt, und wahre mir auf diesem Weg die Chancen, in jedem Bereich die einfachste und leichteste Wegstrecke auf der Notenskala mitzunehmen. Natürlich muss dieser Lernaufwand nicht gleichmäßig verteilt sein, das ist wieder eine Frage der individuellen Neigungen und der Einschätzung der einzelnen Fächer. Aber es lohnt sich immer, wenigstens die grundlegenden Fakten für Klausur Nummer drei zu lernen. Unsere Klausur war beispielsweise über Geldpolitik, und wer schon vier Definitionen von Geldmengen wusste und dazu ein paar kluge Sätze schreiben konnte, konnte sich auf eine Vier retten – eine recht hohe Belohnung für so wenig Lernaufwand, oder?

Das Prinzip, das ich Ihnen hier vorgestellt habe, gilt grundsätzlich für jede Form der Arbeitsorganisation: Wenn ich nur einen begrenzten Zeitaufwand habe, den ich auf mehrere Aufgaben verteilen muss, so empfiehlt es sich selten, seine Zeit auf eine einzige Tätigkeit zu konzentrieren. Denken Sie beispielsweise an Hausarbeit: Was mache ich, wenn meine Oma sich überraschend zu Besuch ankündigt und es bei mir aussieht, als hätte eine Horde Wildschweine Junggesellenabschied gefeiert? Auf alle Fälle macht es Sinn, in der begrenzten Zeit, die ich zum Saubermachen habe, überall das Gröbste zu beseitigen – das geht schnell und bringt recht gute Ergebnisse. Unsinnig wäre es, in der knappen Zeit die Kristallfiguren einzeln aus der Vitrine zu holen und abzustauben, wenn der Küchenboden noch klebt und das Leergut sich im Bad stapelt.

Intuitiv würde jeder meiner Studenten hier ökonomisch handeln: Verteile deine Arbeitskraft so auf die verschiedenen Aufgaben, dass du mit dem gegebenen Aufwand die bestmöglichen Ergebnisse erreichst. Niemand würde hier die Vitrine abstauben – sprich: nur für Klausur Nummer eins lernen –

sondern seine Arbeitskraft auf die verschiedenen Aufgaben so verteilen, dass er den größtmöglichen optischen Effekt in seiner Wohnung erreicht – damit Oma nicht in Ohnmacht fällt. Und selbst wenn sie sagt »Junge, du könntest die Kristallfiguren mal wieder abstauben«, dann ist das weniger vernichtend, als wenn die alte Dame mit ihren Schuhen in der Küche am Boden kleben bleibt und vom Chili angefallen wird, das in der Spüle mittlerweile zu Leben erwacht ist. Tun Sie Ihrer Oma und Ihrem Notendurchschnitt den Gefallen: Denken Sie ökonomisch!

Warum man Fernfahrerkneipen besuchen sollte
... und was das mit Kinofilmen zu tun hat

Ich liebe warme Brezeln – wann immer ich an einem Bahnhof ankomme, führt mich mein Weg schnurstracks zu einem der zahlreichen Stände, die dort warme Teigwaren verkaufen. Und immer, wenn ich dies vor dem Mainzer Hauptbahnhof tue, beobachte ich ein interessantes Phänomen: Vor dem Mainzer Bahnhof stehen zwei Brezelbuden unterschiedlicher Anbieter, die beide äußerlich völlig gleichwertige Brezeln und ähnliche Leckereien zu gleichen Preisen verkaufen. Laut der Theorie der effizienten Warteschlangen (die Sie gerne noch einmal im entsprechenden Kapitel nachlesen können) müsste man jetzt erwarten, dass sich bei gleicher Qualität der Brezeln die Kunden gleichmäßig auf die beiden Brezelbuden verteilen. Wenn alle Produkte und Preise gleich sind, dann werden die Menschen sich doch dort anstellen, wo sie eine kürzere Wartezeit haben. Tun sie aber nicht. Und sofort überlegt der Alltagsökonom, warum.

Die erste Intuition ist auch gar nicht so falsch: Offenbar hat die Brezelbude, die von mehr Menschen besucht wird, die besseren Brezeln. Diese Theorie hat allerdings einen kleinen Haken: Sie erklärt nicht, warum sich fast nie jemand an der anderen Bude anstellt, denn bedenken Sie bitte, die beiden Buden stehen vor einem Bahnhof und eine Vielzahl der Brezelkäufer dürfte gar nicht aus Mainz kommen. Woher wollen denn beispielsweise Durchreisende wissen, welche der beiden Buden die besseren Brezeln zu bieten hat, wenn sie doch noch nie in Mainz waren? Warum stellen sie sich nicht auch an der anderen Bude an, zumal die Wartezeit dort kürzer wäre? Zumindest die Ortsfremden müssten doch eigentlich gute Kunden der anderen Brezelbude sein – warum stellen sich aber offenbar auch diese oftmals an der gut besuchten Bude an?

Des Rätsels Lösung ist: Auch die Ortsfremden können sehr wohl vermuten, welche der beiden Brezelbuden die bessere ist, auch wenn sie noch nie Kunde waren. Sie stellen sich einfach an der Bude mit der längeren Schlange an. Und so unvernünftig das auf den ersten Blick wirkt – es hat Sinn. Der Grund ist recht simpel: Wenn ich mich zwischen zwei Angeboten entscheiden muss, deren Qualität ich nicht von vornherein beurteilen kann und deren Verkäufer ich nicht kenne, bietet es sich an, das Angebot zu nehmen, das die Mehrheit der Kunden wählt. In der Entscheidung der Mehrzahl der Kunden glaube ich als unwissender Kunde einen Informationsvorsprung der anderen zu erkennen – denn warum stehen sie alle bei der einen Brezelbude an? Das kann in der Mehrzahl nur einen Grund haben: Diese Brezelbude hat die besseren Produkte, und die Menschen, die dort in der Schlange stehen, wissen das. Mit anderen Worten: Der Umstand, dass so viele Menschen sich für dieses spezielle Angebot entscheiden, ist als eine Art Empfehlung für das betreffende Angebot zu werten. Manche Brezelkäufer, die an der viel besuchten Bude kaufen, haben vermutlich noch nie eine Brezel vom Konkurrenten gegenüber gegessen. Doch das müssen sie auch nicht: Sie verlassen sich einfach auf das Urteil der anderen.*

Diese Strategie funktioniert beispielsweise auch im Urlaub, wie mir eine Freundin erzählte: Zusammen mit ihrem Freund fuhr sie durch Frankreich und ging stets nur in den Raststellen essen, die von vielen Fernfahrern besucht wurden – nicht wegen des Ambientes, sondern einfach deswegen, weil die

---

* Der gesamte Gedankengang hier stellt übrigens keinen Widerspruch zur Theorie der effizienten Warteschlangen dar, denn die Warteschlange vor der Brezelbude ist Ausdruck der Erwartung der Kunden in Bezug auf die Qualität der Brezeln. Bei den Supermarktkassen kann man weitgehend erwarten, dass alle Kassiererinnen annähernd die gleiche Leistung – rasches Abkassieren – erbringen.

Fernfahrer wohl am besten wissen werden, wo es schmeckt. Auch wer im Ausland Restaurants besucht, tut gut daran, darauf zu achten, wo die Einheimischen anzutreffen sind: In diesen Restaurants kann er damit rechnen, ein wirklich gutes, landestypisches Essen zu bekommen und keine Touristenspeisen. Diese Ideen erklären auch, warum selbst Ortsfremde sich an der Bude mit der langen Schlange anstellen: Sie interpretieren die lange Warteschlange vor der Bude als Qualitätsausweis und stellen sich gleichfalls an – oder warum will sich sonst niemand an der Bude auf der anderen Seite des Platzes anstellen? Natürlich kann diese Strategie auch nach hinten losgehen oder muss noch nicht einmal etwas damit zu tun haben, dass unsere Bude wirklich die besseren Brezeln feilbietet (zu ihrer Ehrenrettung sei gesagt: sie tut es); so ein Prozess kann auch eine starke Eigendynamik entwickeln. Zufällig hat sich eine Schlange vor unserer Bude gebildet – und schon ziehen alle anderen Kunden nach. Im Extremfall kaufen dann alle Leute bei unserer Brezelbude, obwohl kein Einziger die Qualität der Brezel im Vorneherein kennt. Auf Dauer allerdings wird unsere Brezelbude durch Qualität überzeugen müssen, denn nach dem ersten Kauf wissen die Kunden die Qualität der Brezeln einzuschätzen.

Es gibt noch mehr Produkte, die man kauft, ohne deren Qualität vorab wirklich zu kennen – das wird mir jedes Mal klar, wenn ich ins Kino gehe und wieder vor einem Film sitze, den ich elend finde. Filme sind als Produkt noch schwerer zu verkaufen als Brezeln: Eine Brezel hat in der Regel eine stets gleichbleibende Qualität, und wenn sich diese erst einmal unter den Kunden herumgesprochen hat, dann verkauft sich diese schon wesentlich leichter, und nach den ersten Versuchen weiß der Kunde, was er da kauft. Bei Filmen ist das anders: Alle Filme sind verschieden, und in der Regel sieht jeder Zuschauer einen Film nur einmal. Damit hat er ein Problem: Er soll für einen Film zahlen, von dem er nicht weiß, ob er wirklich gut ist – doch in dem Moment, in dem er es weiß (also im Kino sitzt) ist sein Geld bereits futsch und einen Wiederholungskauf gibt es in der Regel nicht.

Also muss man dem potenziellen Zuschauer klar machen, dass dieser Film eine Wucht ist – und wie macht man das? Ganz einfach: »Schon eine Million Besucher in den USA« hat man mir erzählt und damit sozusagen eine gedankliche Schlange vor der Kinokasse aufgebaut. Nebenan lief ein deutscher Problemfilm für Rollkragenpulloverträger, der aber nur wenige Besucher zählt, meinen Film haben hingegen schon eine Million Menschen gesehen – der muss doch was taugen, oder? Sie sehen, das ist die simple Brezelbudenlogik auf das Filmgeschäft übertragen. Wird ein Film von vielen Menschen gesehen, so ist das in den Augen der Zuschauer ein echter Qualitätsausweis und damit ein Argument, sich in dieser Schlange einzureihen, statt auf den deutschen Filmnachwuchs zu setzen. Der Film kann doch nicht schlecht sein, sonst würden nicht so viele Menschen ihn sich ansehen, oder?

Ähnliche Mechanismen finden Sie auch bei anderen Gütern, deren Qualität Sie vor dem Kauf nicht genau einschätzen können. Denken Sie einmal an die Musikbranche: Warum werden denn Goldene und Platin-Schallplatten öffentlichkeitswirksam verliehen? Klar, damit der Rest der bisherigen Nicht-Käufer sieht, dass alle anderen Hörer diese Scheibe Klasse finden (wobei genaugenommen zwischen »Klasse finden« und »kaufen« ein Unterschied ist – Sie wissen nicht, wie viele Käufer das Werk nach einmaligem Hören auf den Müll befördert haben, ebenso wie Sie nicht wissen, wie vielen Zuschauern der Film wirklich gefallen hat). Und auf den CDs steht dann noch ganz groß drauf: »Schon eine Million Mal verkauft« – simple Brezelbudenökonomie. Oder man wirbt damit, dass man schon eine Million Vorbestellungen hat – eigentlich eine Frechheit, denn die Million Käufer wissen doch noch gar nicht, ob ihnen das Ding gefällt, sie vermuten es nur. Mit dieser Überlegung wird auch klar, warum wir Hitparaden brauchen: Sie dienen der Industrie als Verkaufsargument für Unentschlossene. Welcher unentschlossene Käufer würde nicht zugreifen, wenn er »Die Nummer eins in Amerika« auf der CD liest?

Beispiele für diese Art der Werbung gibt es noch viele, auch Industrieunternehmen und Dienstleister nutzen diesen Mechanismus, verweisen gerne auf die große Zahl ihrer Kunden – warum, dürfte Ihnen jetzt klar sein: Meine Mainzer Brezelbuden sind allgegenwärtig.

Warum man nicht jede Lotterie mitmachen sollte
… und was das mit der Börse zu tun hat

»Diese Gauner!«, entfährt es meinem Sitznachbarn, als ich ihm erzähle, welcher Profession ich nachgehe. Ich sitze im Zug und wie so oft kommt man miteinander ins Gespräch. Ich erzähle meinem Gegenüber, dass ich bei einer Zeitung für die Börsenberichterstattung zuständig bin. Mein Zuggefährte kennt die Börse nur zu gut, wie er mir erzählt: Er hat in der Dienstmädchenhausse der Jahre 1999 und 2000 kräftig investiert und anfangs auch eine Menge Geld verdient. Doch dann kam der Einbruch, und all seine Gewinne schmolzen dahin wie der Schokoladenvorrat in meinem Küchenschrank an einem Fernsehsonntagabend. Zu oft, so erzählt mein Nachbar, erlag er den Versprechungen der Banken und Fondsgesellschaften, die ihm Aktien, Fonds, Zertifikate und ähnliche Gewinnbringer ins Depot verkauften, immer mit dem Versprechen, dass man ihn reich machen werde. (Dass er wohl auch den Versprechungen einer über die Stränge schlagenden Presse erlag, verschweigt er mir vermutlich aus Höflichkeit.) Und heute? »Was ich da an Geld verloren habe, ist unglaublich, da wäre ich ja mit einem Sparbuch besser gefahren«, entrüstet sich mein Nachbar.

Ich kenne diese – durchaus berechtigten – Zornesausbrüche nur zu gut und weiß auch, dass es hier wenig Zweck hat, angesichts von so viel Emotionen differenzierter zu argumentieren, und so sinke ich erst nach Feierabend in meinen Lieblingssessel und denke noch einmal über die Worte meiner Zugbekanntschaft nach. Und nach dem ersten Riegel Schokolade komme ich zu dem Ergebnis, dass seine Aussage unfair ist – er wäre mit einem Sparbuch nicht besser gefahren. Das klingt erst einmal merkwürdig: Bei einem Sparbuch hätte er sein Kapital behalten und noch rund 3 Prozent an Zinsen eingestrichen, bei seinen Fonds hat er mehr als 50 Prozent verloren – wie kann ich da schokoladeessenderweise in meinem Sessel sitzen und frech behaupten, mit seinen Fonds sei er besser bedient gewesen?

Fangen wir einmal mit dem Naheliegenden an: Zum Zeitpunkt, an dem mein Zugnachbar investiert hat, ist er offensichtlich mit seinem Fonds besser gefahren, denn sonst hätte er sich ja für das Sparbuch entschieden. Zum Augenblick des Kaufes war sein Nutzen aus dem Fondskauf also offenbar höher als aus dem Kauf eines Sparbuchs. Natürlich ist das ein wenig hinterlistig zu sagen, dass jemand mit X besser gefahren ist als mit Y, weil er sich ja für X entschieden hat – im Rückspiegel betrachtet sieht das natürlich ganz anders aus. Dass mein Zugnachbar damals den Fonds dem Sparbuch vorgezogen hat, hängt ganz einfach damit zusammen, dass er sich von dem Fonds mehr versprochen hat als von dem Sparbuch – aber diese Erwartungen wurden bitter enttäuscht. Doch genau diese Erwartungen sind der Schlüssel zu meinem Hauptargument, warum ich sage, dass der Satz »Mit dem Sparbuch wäre ich besser gefahren« nicht fair ist. Überlegen wir einmal, was genau hat mein Zugnachbar gekauft, als er sich im Jahr 2000 für einen Fonds entschieden hat? Er hat geglaubt, er kauft eine Chance auf hohe Gewinne, doch das war nur die halbe Wahrheit: Mit der Chance auf diese Gewinne hat er auch das Risiko hoher Verluste eingekauft. Das klingt simpel, wird aber von den meisten Menschen – wohl auch von meiner Zugbekanntschaft – gerne vernachlässigt: Wo immer ein hoher Gewinn in Aussicht gestellt wird, gibt es auch ein hohes Risiko. Der Grund dafür ist einleuchtend: Gäbe es hohe Gewinne ohne Risiko, dann würde jeder Mensch sofort begeistert aufspringen und mitmachen, oder? Nehmen wir einmal an, jemand bietet Ihnen eine Lotterie an, bei der Sie für einen Euro einen Gewinn von einer Million Euro machen können – was tun Sie? Sie werden den Losverkäufer natürlich fragen, wie viele Gewinnlose denn auf wie viele Nieten kommen. Antwortet er mit »Ein Gewinn auf eine Million Nieten«, so werden Sie sich das mit dem Los gut überlegen, antwortet er »Auf jede Niete kommt ein Gewinnlos«, so werden Sie mindestens zwei Lose kaufen.

Und so wie Sie würde wohl jeder handeln, mit dem Haken, dass Lotterie Nummer zwei – je Niete ein Gewinnlos – so nie angeboten würde, weil sie schlichtweg unrentabel wäre. Korrekt wäre Lotterie Nummer zwei, wenn Sie nicht nur eine Million gewinnen, sondern auch verlieren könnten, etwa dergestalt, dass es neben jedem Gewinnlos auch ein Verliererlos gibt, das Sie dazu zwingt, an den Verkäufer der Lose eine Million zu zahlen. Würden Sie dann zugreifen?*

Offenbar ja, denn viele Menschen haben dies in den Hausse-Jahren 1999 und 2000 getan: Sie haben teure Aktien gekauft, in der Erwartung, dass diese noch teurer werden. Doch der Chance auf weiteren Reichtum stand auch ein Risiko gegenüber, nämlich jenes, dass die Aktien komplett wertlos werden, weil die hinter diesen Papieren stehenden Unternehmen bankrott gehen (was in der Realität dann auch vielfach passiert ist). Sie können den Kauf einer Aktie also durchaus vergleichen mit der oben beschriebenen Gewinner-Verlierer-Lotterie: Der Chance auf einen Kursgewinn (die Million) stand auch das Risiko des Totalverlustes (eine Million an den Losverkäufer zahlen) gegenüber. Doch diesen Teil der Vereinbarung haben die Menschen zu gerne ausgeblendet – auch mein Zugnachbar.

Womit wir wieder bei meiner Behauptung wären, dass er mit einem Sparbuch nicht besser gefahren wäre. Mit dem, was wir jetzt wissen, können wir diese Behauptung nun besser würdigen. Zum Zeitpunkt des Kaufes hatte unser Fonds- oder Aktienkäufer zwei Angebote: Das Sparbuch und den Fonds.

---

* Der erwartete durchschnittliche Gewinn einer solchen Lotterie wäre übrigens null: Mit einer Wahrscheinlichkeit von 50 Prozent können Sie je eine Million gewinnen und verlieren.

Das Sparbuch entsprach etwa folgender Lotterie: Auf hundert Lose im Wert von einem Euro kommt ein sicherer Gewinn von drei Euro – den garantiert Ihnen der Losverkäufer sogar. Aber mehr Gewinn gibt es nicht. Dafür gibt es aber auch keine Verliererlose, und am Ende der Lotterie erhalten Sie Ihren Einsatz von hundert Euro zurück, sodass Sie nur temporär auf Ihr Geld verzichten mussten. Die Kosten für die Lose sind gering, sie betragen nur wenige Cents (das sind die Gebühren für das Sparkonto). Hört sich gut an, aber nicht aufregend. Sie ziehen eine Losbude weiter, und dort macht der Losverkäufer Ihnen ein ganz anderes Angebot: Sie kaufen für hundert Euro Lose, mit der Aussicht auf eine Verdoppelung oder Verdreifachung Ihres Gewinns. Allerdings hat diese Lotterie einen entscheidenden Haken: Im Gegensatz zur Sparbuch-Lotterie garantiert Ihnen der Losverkäufer nicht, dass Sie Ihr eingesetztes Geld zurückbekommen; wenn es schief geht, stehen Sie am Ende der Lotterie ganz ohne Geld da, Ihre hundert Euro sind futsch und Gewinn gibt es auch keinen.

Nun gut, welche der beiden Losbuden würden Sie bevorzugen? Das hängt von vielen Dingen ab, zum Beispiel davon, ob Sie auf Ihren Einsatz im Zweifelsfall auch verzichten können, wie Sie selbst die Chancen einschätzen, dass Lotterie Nummer zwei fair ist, wie mutig Sie sind und was Ihre Erwartungen an das Leben im Allgemeinen und die Lotterie im Speziellen sind. Vielleicht mogelt der eine Losbudenverkäufer ja auch noch, indem er Ihnen seine Lotterie in schönen Hochglanzbroschüren verkauft oder ein paar flotte Models (männlich und weiblich) an seine Losbude stellt, um Sie anzulocken. Doch lassen Sie sich davon nicht blenden. Mein Nachbar im Zug jedenfalls hat sich für Lotterie Nummer zwei entschieden und Fonds gekauft, und jetzt kommt sein Denkfehler: Nachdem er diese Lotterie verloren hat, beschwert er sich, dass er nicht Lotterie Nummer eins gespielt hat. Doch kann er diesen Vorwurf dem Verkäufer von Bude Nummer zwei machen? Nicht ganz. Er hat zum Zeitpunkt des Fondskaufes eine Mischung von Chancen und Risiken gekauft – und hat verloren. Im Nachhinein nun zu sagen, dass man wohl besser Lotterie Nummer eins gespielt hätte, ist unfair: Hätte er Lotterie Nummer eins gespielt, hätte er nie die Chance auf die Gewinne von Lotterie Nummer zwei gehabt – aber auf die ist es ihm wohl auch angekommen, für diese Chance hat er bezahlt. Im Grunde genommen wollte er beides: Die Sicherheit der Lotterie Nummer eins, verbunden mit den Chancen der Lotterie Nummer zwei. Doch eine Losbude mit der Kombination »hohe Sicherheit, hohe Gewinnchancen« wird er auf dem ganzen Rummelplatz vergebens suchen – kein Losbudenbesitzer könnte es sich leisten, eine solche Lotterie anzubieten.

Strich drunter: Zum Zeitpunkt des Loskaufes war unser Zugfreund mit den Fonds besser gestellt, weil die Chancen ihm offenbar größer als die Risiken erschienen – insofern hat er seinen erwarteten Nutzen maximiert. Doch leider haben ihn seine Erwartungen getäuscht – und im Nachhinein stellt sich heraus, dass das Sparbuch die bessere Alternative gewesen wäre. Aber mit dem Sparbuch hätte er nie die Hoffnung auf hohe Gewinne gehabt. So muss er jetzt mit seinen Verlusten leben und sich sagen »Nun gut, aber ich hatte ja auch die Chance«. Diese Verluste muss man ertragen können – oder aber der Börse fernbleiben.

Doch es gibt Hoffnung für meinen Zuggefährten, nämlich die Hoffnung auf die bewährten Kräfte der Ökonomie. Dazu muss man sich nur Folgendes überlegen: Würde Losbude Nummer zwei auf Dauer existieren, wenn sich auf dem Rummelplatz rumspricht, dass man dort nur verlieren kann? Wohl kaum. Unsere riskante Lotterie kann auf Dauer also nur funktionieren, wenn sie den Kunden auch eine faire Chance bietet, wenn die höheren Risiken auf Dauer auch mit entsprechend höheren Gewinnen entlohnt werden. Ähnlich verhält es sich mit Aktien: Sie bergen stets ein höheres Risiko in sich als Sparbücher, weswegen sie nicht nur eine höhere Rendite versprechen, sondern diese im Durchschnitt auch halten müssen

– sollte sich nämlich herumsprechen, dass Aktien auf lange Frist dieses Versprechen nicht einlösen können, dann würde niemand mehr Aktien kaufen. Auf lange Frist sollten also auch die Fonds meines Nachbarn wieder zulegen – er sollte nur ein wenig Geduld mitbringen.

Allerdings gilt dieser Trost nur im Durchschnitt: Was ich nicht sage, ist, dass jede Aktie auf Dauer ihre Versprechen halten wird, nein, nur im Durchschnitt müssen Aktien auf Dauer einen höheren Ertrag abwerfen – ob aber ausgerechnet die Aktien meines Zuggefährten dieses Versprechen einlösen können, steht auf einem anderen Blatt. Das ist ja auch genau der Grund, warum man Kleinanlegern empfiehlt, Fonds zu kaufen: In einem Fonds sind mehrere Aktien enthalten, sodass man darauf hoffen kann, dass wenigstens der Durchschnitt der Aktien zulegen wird. (Das muss aber auch nicht stimmen, beispielsweise wenn Sie einen Fonds auf spezielle Branchen oder Regionen kaufen – dann kann dieser Durchschnittsmechanismus auch versagen.)

Wenn Sie also an die Kraft der Ökonomie glauben, dann können Sie weiterhin frohgemut Aktien kaufen, auch wenn Ihnen klar sein sollte, dass jede Lotterie auch ein Risiko mit sich bringt. Aber wie heißt es so schön im Angelsächsischen: Wenn du keine Hitze verträgst, dann geh nicht in die Küche.

Warum man keinen Gebrauchtwagen kaufen sollte
… und was das mit Zitronen zu tun hat

»Greifen Sie zu, das ist ein einmaliges Angebot.« Oh je. Ich brauche einen neuen Wagen, und mein schmales Salär erlaubt es mir nicht, einen schnittigen roten Sportwagen zu kaufen, im Gegenteil, es nötigt mich sogar dazu, mich unter den Gebrauchtwagenhändlern des Landes umzusehen – obwohl ich nach der Lektüre einiger Fachartikel doch weiß, dass der Markt für Gebrauchtwagen nicht funktioniert. Und ich weiß, dass der Wagen, den mir der Verkäufer gerade ans Herz drücken will, kein einmaliges Angebot ist, und wäre es auch der vorletzte Wagen auf Gottes Erdboden.

Woher ich das weiß? Ganz einfach: Rein logisch betrachtet kann es gar nicht sein, dass man einen guten Gebrauchten zu einem Preis bekommt, der unter dessen Wert liegt. Dazu muss ich mir nur überlegen, wie ich als potenzieller Kunde an die Flut der Angebote herantrete. Zuerst weiß ich, dass ich nichts weiß – ich kann überhaupt nicht abschätzen, wie gut der Wagen wirklich ist, ob nicht der Tacho zurückgedreht wurde, ob es irgendwo versteckte Mängel gibt oder ob sich das gute Stück nicht beim nächsten Regen auflöst. Das weiß nur der Verkäufer, und der wiederum weiß, dass ich es nicht weiß. Also ist die Versuchung für ihn groß, meine Unkenntnis auszunutzen und mir seinen Wagen zu einem völlig überteuerten Preis anzudrehen. Das wiederum weiß ich auch: Mir ist klar, dass der Verkäufer mehr für seinen Wagen verlangen wird, als er wert ist, weil er darauf vertrauen kann, dass ich den wahren Wert des Wagens nicht einschätzen kann. Aber da ich das weiß, werde ich nicht bereit sein, seinen Preis zu zahlen, ich werde ihm immer weniger bieten, als er verlangt.

Doch das wiederum hat Folgen für die ehrlichen Gebrauchtwagenanbieter: Selbst wenn sie es ehrlich meinen und einen guten Wagen zu einem fairen Preis (was immer dieser sein mag) anbieten, müssen sie damit rechnen, dass die Kunden nicht zugreifen werden – schließlich können sie ja nicht wissen, dass sie hier einen ehrlichen Gebrauchtwagenverkäufer vor sich haben. Sie sind einfach auf Grund ihrer Unsicherheit in Bezug auf die Qualität des Wagens nicht bereit, das Geld auf den Tisch zu legen, das ein guter Gebrauchter wirklich wert wäre, weil sie nicht wissen, ob es wirklich ein guter Wagen ist. Also was wird der ehrliche Verkäufer machen? Wenn er den fairen Preis für seinen guten Wagen nicht bekommt, so wird er ihn schlichtweg nicht anbieten. Da haben wir dann den Salat: Weil die ehrlichen Verkäufer sich nicht von den windigen Geschäftemachern absetzen können und in der Wahrnehmung der potenziellen Kunden ebenso als potenzielle Windbeutel gelten, können sie nicht den Preis für ihren Wagen erzielen, den er wirklich wert wäre. Deswegen ziehen sie sich komplett vom Markt zurück. Die Folge: Am Ende der Veranstaltung gibt es nur noch unehrliche Gebrauchtwagenverkäufer, weil die ehrlichen resigniert haben – sie können ihren Wagen einfach nicht zu dem Preis verkaufen, den ihr Wagen wirklich wert ist, weil niemand ihnen glaubt, dass er das auch wirklich wert ist.

Jetzt wissen Sie auch, warum ich glaube, dass kein Gebrauchtwagen wirklich ein Schnäppchen ist: Die Tatsache, dass die Anbieter einen hohen Informationsvorsprung haben – sie wissen, ob ihr Auto gut ist oder eine Zitrone, wie man in Amerika sagt –, führt dazu, dass nur noch Zitronen auf dem Markt angeboten werden. Allerdings nicht deswegen, weil es keine ehrlichen Gebrauchtwagenverkäufer gibt, sondern weil diese einfach nicht den Preis verlangen können, den sie für ihren Wagen haben wollen und deswegen aus dem Markt ausscheiden.

Und jetzt? Offenbar kaufe ich doch gerade einen Gebrauchtwagen! Haben wir hier wieder einmal den typischen Fall, dass ein Ökonom nicht nach dem handelt, was er predigt? Nun, nicht ganz, zum einen zwingt mich mein schmaler

Geldbeutel, zum anderen sehe ich auch einen Ausweg aus dem Zitronendilemma – denn sollte meine obige Diagnose zutreffen, dann gäbe es gar keinen Gebrauchtwagenmarkt mehr, weil doch alle Kunden wüssten, dass nur Zitronen am Markt sind und deswegen keinen Gebrauchten kaufen würden. Also muss es einen Ausweg geben, und einen möglichen Ausweg habe ich beschritten: Ich bin zu einem Händler gegangen, bei dem ich schon lange Kunde bin.

Gut, nun können Sie sagen, dass nicht jeder einen Händler kennt, dem er vertrauen kann, weil er, sagen wir einmal, mit dem Chef schon seit Jahren befreundet ist. Braucht man auch gar nicht. Die Idee ist eine andere: Ich muss den Händler von der Versuchung abhalten, mich zu behumsen, wie man in Rheinhessen sagt. Und ein Weg führt über eine langfristige Geschäftsbeziehung. Mache ich dem Händler klar, dass alle zukünftigen Gebrauchtwagenkäufe über ihn abgewickelt werden, so steigt schlagartig das Interesse, mich fair zu behandeln. Und da mein Händler auch noch eine Werkstatt sein Eigen nennt, mache ich ihm klar, dass ich in Zukunft auch alle Reparaturen bei ihm machen lasse. Der Händler wird dann den Teufel tun mich für einen schnellen Euro zu verprellen: Betrügt er mich und ich merke das, verliert er mich auch langfristig als Kunden, und das tut ihm im Zweifelsfall mehr weh als die Tatsache, dass er mich beim Gebrauchtwagenkauf um 500 Euro betrügt.

Der vor Ort ansässige Händler hat noch einen weiteren Vorteil: Will er auf Dauer im Ort Geschäfte machen, kann er es sich nicht leisten, alle seine Kunden über den Tisch zu ziehen – seine Reputation als fairer Geschäftspartner ist die Garantie dafür, dass er auch noch morgen Geschäfte machen wird. Zudem muss er damit rechnen, dass seine Kunden ihm leichter und schneller aufs Dach steigen können, wenn etwas schief läuft – der private Autoverkäufer verkauft und verkrümelt sich.

Eine andere Idee besteht darin, den Verkäufer des Gebrauchtwagens zu fragen, ob er bereit ist, auf den Wagen auch eine Garantie von, sagen wir einmal, einem Jahr zu verkaufen. Ein Zitronenverkäufer wird dazu natürlich nicht bereit sein, während der ehrliche Anbieter gegen einen entsprechenden Preis gewillt sein wird, diese Garantie zu verkaufen. Tut er das, so nehmen Sie den Wagen – auf die Garantie können Sie dann verzichten, wichtig war nur, dass der Verkäufer bereit war, Ihnen diese Garantie zu verkaufen.

Sie sehen, wenn Sie einen Gebrauchtwagen kaufen wollen, müssen Sie eine Methode finden, wie Sie die guten von den schlechten Anbietern trennen, und zwar am besten, indem Sie die Anbieter selbst dazu zwingen, sich zu offenbaren. Das ist im Gebrauchtwagenfall nicht immer so ohne Weiteres möglich, in anderen Bereichen des Lebens, wo solche Probleme auftreten, geht das einfacher. Und damit wären wir beim nächsten Akt meines Autokaufs: Nachdem ich mich für einen Wagen entschieden habe, muss ich nun eine KFZ-Versicherung abschließen. Und als ausgebildeter Ökonom weiß ich, dass solche Versicherungen eigentlich auch nicht funktionieren.

Also was um Gottes Willen geht denn hier schon wieder schief? Dazu muss man sich einmal kurz in die Lage einer Versicherung versetzen. Unser Versicherer bietet mir gegen eine Prämie die Leistung, bei Unfällen finanziell für mich einzuspringen. Dabei weiß er: Je rasanter ich fahre, umso teurer wird es für ihn. Nun hat unser Versicherer das gleiche Problem wie ich bei meinem Gebrauchtwagenkauf: Er weiß nicht, welcher der Fahrer, die sich bei ihm versichern wollen, ein Raser ist und wer ein umsichtiger Zeitgenosse. Also was macht er? Er kalkuliert die Prämie für die Versicherung so, dass er im Durchschnitt auf seine Kosten kommt. Der dadurch entstehende durchschnittliche Tarif wird aber für die Raser zu billig sein, weswegen diese massenhaft die Versicherung abschließen werden. Für die Langsamfahrer hingegen ist die Police zu teuer, weswegen sie davon absehen werden, sich zu versichern. Das Ergebnis: Nur die Raser werden zu einer Versicherung greifen, was den Versicherer wiederum dazu nötigt, die Prämien noch höher anzusetzen, weil durch die vielen Raser zu viele Schäden entstehen – was wiederum zur Folge hat, dass unter den Rasern die langsamsten Raser von der Versicherung Abstand nehmen werden, weil diese jetzt sogar für sie schon zu teuer ist. Und am Ende versichert sich niemand, weil die Versicherung einfach nicht weiß, welche ihrer Kunden denn die Raser sind – wüsste sie das, dann könnte sie ja bei den Tarifen eine Unterscheidung zwischen Rasern und Schnecken machen.

Im Grunde passiert bei Versicherungen genau das Gleiche wie bei den Gebrauchtwagen, nur mit anderen Vorzeichen: Hier ist es der Anbieter einer Ware (der Versicherer), der nicht weiß, wie er unter seinen Kunden sozusagen die Zitronen (die Raser) selektieren soll. Dieses Dilemma haben Sie bei jeder Versicherung, denken sie beispielsweise an eine Krankenversicherung: Wenn der Versicherer nicht unterscheiden kann zwischen Risikosportlern und Sofasportlern, dann muss er den Tarif im Durchschnitt so kalkulieren, dass er für die Extrem-Mountainbiker zu günstig, für die Halma-Fans zu teuer wird. Das Ergebnis: Die Versicherung wird erst gar nicht angeboten.

Eine Lösung, die der Versicherer wählen kann, ist ein Tarif mit Selbstbeteiligung. Zum einen sorgt die Selbstbeteiligung dafür, dass der Versicherte sich zweimal überlegen wird, ob er jetzt seinen Wagen in den Graben setzen will – es kostet ihn dann nämlich zumindest die Selbstbeteiligung.* Indem der Kunde auch die Höhe seiner Selbstbeteiligung selbst wählen kann, verrät er aber automatisch auch etwas über sich selbst – wer eine hohe Selbstbeteiligung wählt, gibt zu erkennen, dass er selbst das Risiko eines Schadensfalles als gering erachtet, ihm kann der Versicherer einen günstigeren Tarif ein-

---

* Eine weitere Maßnahme, die in die gleiche Richtung zielt, sind die Schadensfreiheitsklassen in der KFZ-Versicherung – jeder Unfall kostet mich dann in Zukunft höhere Prämien.

räumen. Die Frage nach der Selbstbeteiligung entspricht in etwa der Frage nach der Garantie beim Gebrauchtwagenkauf. Und wer sich weigert, auch nur einen Hauch von Selbstbeteiligung zu nehmen, ist vermutlich ein Sportpilot mit Alkoholproblemen und Suizidattitüde.

Ein weiteres Beispiel für solche Selektionsprobleme finden Sie auf dem Arbeitsmarkt. »Wir stellen jeden ein, Hauptsache, er hat studiert – was er studiert hat, ist uns egal«, sagte einmal ein Unternehmensberater zu mir (gut, das sagte er in etwas besseren Zeiten, heute sieht das wieder etwas anders aus). Prinzipiell liegt er damit nicht so verkehrt, wenn es ihm einzig um die Produktivität seiner zukünftigen Mitarbeiter geht, die er zum Zeitpunkt der Einstellung nicht beurteilen kann. Auch hier das gleiche Problem: Der Käufer der Ware (der Arbeitgeber) kann die Qualität der Ware (des Arbeitnehmers) nicht exakt einschätzen – die kennt nur der Arbeitnehmer (so wie auch nur unser Gebrauchtwagenverkäufer weiß, ob es sich um eine Zitrone handelt). Also braucht man auch hier einen Trick, wie man die Guten von den Schlechten trennt. Und eine Möglichkeit zur Selektion von Arbeitsmarktzitronen ist die Frage nach einem Studium: Wer studiert hat, versucht, seinem zukünftigen Arbeitgeber eine höhere Produktivität als jemand ohne Studium zu signalisieren. Der Gedanke dahinter ist folgender: Für jemanden, der nicht so produktiv ist, bedeutet ein Studium einen höheren Aufwand als für jemanden, der produktiv ist. Wer unproduktiv ist, verzichtet lieber auf ein Studium, da es zu mühsam für ihn ist und der persönliche Aufwand nicht mehr in angemessener Relation zum zukünftigen Ertrag steht. Wer produktiv ist, dem fällt das Studium wesentlich leichter, und mit dem Studium zeigt er seinem zukünftigen Arbeitgeber, dass er gut genug ist, eine anspruchsvolle Aufgabe mit Anstand und in angemessener Zeit über die Bühne zu bringen und beweist damit, dass er keine Zitrone ist – so wie hoffentlich mein neuer Gebrauchtwagen.

Warum Preise nicht immer die Wahrheit sagen

… und was das mit dem Teuro zu tun hat

Ich liebe große Supermärkte – durch die Gänge streifen, Hunderte von Dingen bewundern, derer man nicht bedarf, die Menschen, die Musik, die Gerüche, kurzum: Ich liebe Supermärkte. Der größte Supermarkt bei mir um die Ecke präsentiert sich zudem als einer der preiswertesten, wie man mir bereits am Eingang versichert. Dort hat man zwei Einkaufswagen aufgebaut, und in beiden liegen exakt die gleichen Waren. Der eine Wagen wurde im eigenen Hause zusammengestellt, der andere bei der Konkurrenz mit den gleichen Produkten gefüllt – und jetzt raten Sie einmal, welcher der beiden Wagen billiger im Einkauf war.

Keine Frage:»Hätten Sie all diese Produkte bei uns gekauft, hätten Sie 20 Euro weniger bezahlt als für den gleichen Einkaufswagen bei der Konkurrenz«, verkündet ein stolzes Schild vor den Einkaufswagen. In der Hektik des Einkaufgeschehens registriere ich diese Werbung anerkennend, doch wieder zu Hause, mit ein wenig Ruhe, kommen mir Zweifel: Hat man mich da schon wieder übers Ohr gehauen? Ich denke ja.

Ich verwette meine letzte Tafel Schokolade darauf, dass es der Konkurrenz möglich wäre, ebenfalls einen Einkaufskorb mit Waren vor ihre Tore zu stellen, der ihren Supermarkt als den preiswerteren ausgewiesen hätte. Der Trick ist eigentlich recht simpel: Ich stelle einfach den Warenkorb so zusammen, dass ich jeweils die Waren nehme, welche bei mir billiger sind als bei der Konkurrenz. Auch die vorletzte Tafel Schokolade darauf verwettet: Kein Supermarkt wird bei wirklich allen Produkten billiger sein als sein Konkurrent, mit dem er sich vergleicht. Ein fairer Vergleich wäre es, wenn man in einen Einkaufswagen alle in den jeweiligen Supermärkten erhältlichen Waren einpacken würde – dann wüssten die Kunden definitiv, welcher der beiden Supermärkte der billigere wäre, oder?*

Ich denke nein. Man wüsste nur, welcher der beiden Supermärkte der im Durchschnitt günstigere ist. Nehmen wir einmal an, in Supermarkt A ist alles ein wenig günstiger als in Supermarkt B bis auf ein Produkt – das allerdings ist in A gleich fünfmal so teuer wie in B (unverschämte Menschen). Als Ergebnis kann dabei herauskommen, dass B bei einer Gesamtbetrachtung der Preise aller Güter günstiger abschneidet als A, nur wegen des einen teuren Produkts, das alle anderen Preisvorsprünge zunichte macht. Würden Sie dann sagen, dass Sie eindeutig beurteilen können, welcher der beiden Supermärkte der günstigere ist? Das hängt sicherlich von Ihrer persönlichen Einstellung zu dem betreffenden Produkt ab – und damit sind wir beim nächsten Problem unseres Preisvergleichs.

Nehmen wir einmal an, es gebe keine großen Abweichungen in den Preisen, sodass unsere Durchschnittsbetrachtung einigermaßen in Ordnung ist – die Kunden wüssten dann immer noch nicht, welcher der beiden Supermärkte der für sie persönlich günstigere wäre. Überlegen Sie einmal: Für den einen Kunden wäre es wichtig, dass Schokolade sehr günstig ist, während der andere eher darauf achtet, dass Tiefkühlpizzen billig sind. Ist nun die Schokolade in Supermarkt A günstiger als in Supermarkt B, in B aber die Pizza billiger als in A, dann ist es eine Frage der persönlichen Perspektive, welcher der beiden Supermärkte preiswerter ist. Wollten wir also wirklich wissen, welcher Supermarkt der für uns günstige ist, so müsste jeder von uns das komplette Warensortiment der beiden Supermärkte mit seinen persönlichen Vorlieben ge-

---

* Sehen wir einmal davon ab, dass es natürlich große Unterschiede zwischen Billig-Discountern und gehobenen Supermärkten gibt – das sind jedoch schon wieder unterschiedliche Kundensegmente.

wichten. Das müssen Sie sich so vorstellen, dass Sie sich bei jedem Gut im Warenkorb fragen müssen, wie wichtig es ist; will heißen: Wie viel Sie von diesem Produkt erwerben wollen. Und dann gewichten Sie dieses Gut mit einem Faktor, der Ihre Wertschätzung für dieses Produkt widerspiegelt – am besten also mit der Menge, die Sie von diesem Gut einkaufen wollen. Mögen Sie keine Oliven? Dann gewichten Sie Oliven mit dem Faktor null – welchen Preis Oliven in den beiden Supermärkten haben, ist Ihnen also egal, es hat keinen Einfluss auf Ihre Entscheidung. Sind Sie hingegen versessen auf Schokolade, so werden Sie Schokolade ein hohes Gewicht beimessen – der Preis von Schokolade hat damit einen hohen Einfluss darauf, welchen Supermarkt Sie als den für Sie günstigeren erachten. (Wenn Ihr persönlicher Warenkorb im Extremfall aus nur einem Gut besteht, dann wäre diese Berechnung am einfachsten: Sie vergleichen einfach, wie viel die 100 Tafeln Schokolade, die Sie kaufen wollen, in Supermarkt A und B kosten. Hier tun Sie auch nichts anderes, als jedes Gut mit einem Faktor, der Ihrem persönlichem Bedarf entspricht, zu gewichten – Schokolade bekommt den Faktor 100, alle anderen Güter den Faktor null.)

Wenn Sie jetzt zu dem Schluss kommen, dass dies alles zu viel Aufwand ist, nur um wirklich herauszufinden, welcher Supermarkt nun der billigste ist, haben Sie Recht. Und doch macht sich jemand die Mühe, diese Zahlenspielereien jeden Monat aufs Neue zu wiederholen, und zwar nicht nur für meinen Supermarkt, sondern gleich für die gesamte Bundesrepublik Deutschland. Das Statistische Bundesamt in Wiesbaden hat sich einen so genannten Warenkorb gebastelt und ermittelt den Wert dieses Warenkorbes monatlich – das Ganze kennen Sie dann aus den Tagesthemen als die »Inflationsrate«. Die Inflationsrate ist also nichts anderes als ein gigantischer Einkaufswagen vor dem Eingang des Statistischen Bundesamtes. Natürlich will man mit dieser Zahl nicht den günstigsten Supermarkt der Republik ermitteln, sondern die allgemeine Geldwertentwicklung in der Bundesrepublik messen (weswegen man die Preise auch in verschiedenen Geschäften ermittelt). Das funktioniert in etwa so, dass man einfach jeden Monat den Wert des Warenkorbs feststellt – steigt dieser, so steigt auch die Inflationsrate.

»Das ist aber ganz schön ungenau«, werden Sie jetzt sagen, und im Grunde haben Sie damit Recht. Wenn Sie jetzt einmal an unser Einkaufswagenbeispiel denken, dann können Sie sich jetzt auch selbst eine Frage beantworten, die eine ganze Republik beschäftigt hat: Hat der Euro alles teurer gemacht? Die Wiesbadener Statistiker haben diese Frage ganz klar verneint: Nein, haben sie gesagt, ihr Preisindex habe angezeigt, dass das Leben in der Bundesrepublik nicht teurer geworden sei. Mit Blick auf unseren Einkaufswagen haben sie wohl Recht: Die Preise aller Güter in unserem Einkaufswagen sind im Durchschnitt nicht gestiegen. Doch nach unseren obigen Überlegungen erkennen wir rasch, warum wir die ganze Zeit das Gefühl hatten, dass das Leben mit dem Euro teurer geworden ist: Während viele Güter im Einkaufswagen im Preis stabil geblieben sind, sind die Preise leider genau bei den Gütern gestiegen, die wir öfter kaufen, deren Preise wir im Kopf haben und deren Preissteigerungen wir deswegen stärker wahrnehmen, beispielsweise für Lebensmittel oder die Gastronomie. Zwar haben die Statistiker in Wiesbaden sich bemüht, ihren Preisindex so zusammenzusetzen, dass er die Preise aller Waren und Dienstleistungen einfängt, die ein durchschnittlicher Haushalt in Deutschland einkauft. Doch wenn Ihr persönlicher Einkaufszettel nicht demjenigen des Statistischen Bundesamtes entspricht, dann gibt die aktuelle Inflationsrate eben nicht das Ausmaß der Preissteigerungen wieder, dem Sie persönlich unterliegen. Und wenn Sie mit Vorliebe Güter konsumieren, deren Preis im Zuge der Euro-Einführung stark gestiegen ist, dann ist der Euro für Sie zum Teuro geworden – für Ihren Nebenmann möglicherweise jedoch nicht.*

Nun weiß auch das Statistische Bundesamt um diese Probleme – aus diesem Grund hat man nicht nur einen Preisindex, sondern eine ganze Palette von Indizes aufgestellt, deren Zweck es ist, Auskunft über die Preissituation in verschiedenen Bereichen unserer Wirtschaft zu geben. Neben dem Preisindex für die Lebenshaltung privater Haushalte gibt es einen Index für die Lebenshaltung von 4-Personen-Haushalten von Beamten und Angestellten mit höherem Einkommen, für 4-Personen-Haushalte von Arbeitern und Angestellten mit mittlerem Einkommen und für 2-Personen-Haushalte von Rentnern mit geringem Einkommen; aber es gibt auch eine ganze Reihe Preisindizes für die Preisentwicklung auf unterschiedlichen Wirtschaftsstufen, beispielsweise für die Erzeugerpreise gewerblicher Produkte, Großhandelsverkaufspreise oder Ein- und Ausfuhrpreise. Das alles hilft Ihnen persönlich aber nicht viel, Ihre persönliche Inflationsrate errechnet sich aus Ihren privaten Konsumvorlieben, denen das Statistische Bundesamt nur im Durchschnitt Rechnung tragen kann.

Ein anderes Beispiel für die Täuschungen, denen man unterliegen kann, wenn man sich auf solche Indizes verlässt, sind Aktienindizes. »Deutsche Aktien haben zehn Prozent zugelegt«, lese ich in der Zeitung und wundere mich darüber, dass mein deutsches Aktiendepot zehn Prozent an Wert verloren hat. Des Rätsels Lösung: Der Journalist meinte nicht deutsche Aktien, sondern den Durchschnittskurs aller Aktien, die im Deutschen Aktienindex Dax vertreten sind. Wenn von den 30 Aktien, die in diesem Aktieneinkaufskorb enthalten sind, 20 gestiegen und 10 gefallen sind und mein Depot

---

* Falls Sie denken, alles ist teurer geworden, trösten Sie sich: Der Präsident des Statistischen Bundesamtes, der auch stets betonte, dass der Euro kein Teuro ist, räumte mir einmal in einem Gespräch zähneknirschend ein, dass auch er seit der Euro-Einführung seine bisherige Lieblingspizzeria nicht mehr aufsuche, weil sie ihm zu teuer geworden sei.

aus den zehn Luschen besteht, dann habe ich mit deutschen Aktien verloren, während sie im Durchschnitt gestiegen sind.* Aus diesem Grund sind auch Vergleiche zwischen Aktienindizes rasch irreführend, sagen sie doch nichts darüber aus, mit welchen Aktien ich persönlich denn nun besser gefahren wäre. Da geht es mir genauso wie bei den Einkaufswagen vor meinem Supermarkt: Was letztlich zählt und kostet, ist das, was ich in meinem Einkaufswagen habe.

---

* Präzise gesagt muss man noch die Gewichtungen berücksichtigen, denn die Aktien im Dax werden nach ihrer Marktkapitalisierung gewichtet.

Warum kostenlose Dinge teuer sind

... und was das mit den Mainzelmännchen zu tun hat

»Ich feilsche grundsätzlich«, erklärt mir ein Freund und zeigt mir stolz seine neueste Errungenschaft: Ein edles, elegantes Mountain-Bike, das so aussieht, als würde es von alleine fahren. Und immerhin: Satte 50 Euro habe ihm der Händler nachgelassen – ein gutes Schnäppchen, wie er meint. Verdammt, denke ich, diese 50 Euro hätte ich auch gut gebrauchen können. Ich komme nämlich gerade aus Kanada, wo man mir am Flughafen meine letzten Dollars besonders subtil aus der Tasche gezogen hat: Beim Verlassen des Landes musste ich eine üppige Flughafengebühr entrichten, die ich gerade noch mit Mühe und Not zusammengebracht habe. Hat mein Freund da nicht viel mehr Glück gehabt als ich? Als ich am Abend mit etwas Ruhe meine Reiseabrechnung mache und mich einen Moment zurücklehne, habe ich die Antwort: Keiner von uns beiden hat Glück oder Unglück gehabt – in vielen Fällen gibt es für meine Brieftasche keinen wirklichen Unterschied zwischen einem Rabatt und einer zusätzlichen Gebühr.

»Du wieder mit deiner Ökonomie«, entgegnet mein Freund, als ich ihm meine Überlegungen vortragen will. Nur mit Mühe kann ich ihn überreden, mir zuzuhören. Nehmen wir einmal an, das Fahrrad meines Freundes hat 500 Euro gekostet – abzüglich des Rabatts des Händlers hat er dann 450 Euro gezahlt. Klingt gut, doch wie sieht es denn mit folgendem Beispiel aus: Der Händler hat das Fahrrad im Schaufenster stehen, es kostet 400 Euro. Allerdings, so erklärt der Händler weiter, müsse man da etwas mit den Reifen machen, die seien zwar von Werk aus montiert, würden aber dem Rad – das ansonsten hervorragend sei – nicht entsprechen. Für bescheidene 50 Euro (»ein Vorzugspaket-Preis für Sie, wenn Sie schon so ein teures Rad kaufen«) sei er bereit, neue Reifen zu montieren – das sei doch ein faires Angebot, oder? Ist es für meinen Freund auch, denn unter dem Strich kostet ihn das Rad nun auch 450 Euro, und es ist das gleiche Rad, denn auf dem 500-Euro-Rad waren bereits die richtigen Reifen montiert.

Denken Sie nun an meine Flughafengebühr. Hat diese, sagen wir einmal, 10 Dollar gekostet, so wurde mein Flug insgesamt 10 Dollar teurer. Als Alternative hätte mein Reiseveranstalter mir ja die 10 Dollar schon im Gesamtpaket mit abziehen können und er hätte die Gebühr mit den kanadischen Behörden verrechnet. Unter dem Strich wäre dabei für mich aber genau das Gleiche herausgekommen. Alternativ hätte ich ja versuchen können, meinen Reiseveranstalter im Preis zu drücken. Vielleicht hätte er auch eingewilligt, aber seien Sie sich sicher, das hätte er nur gemacht, wenn er solche Eskapaden seiner Kunden vorher im Preis berücksichtigt hat.

Sie merken, worauf das hier hinausläuft: Ob Gebühr oder Rabatt ist im Grunde genommen egal, wenn der Anbieter die beiden Varianten vorher bereits im Preis einkalkuliert hat – und verlassen Sie sich darauf, er hat es. Eine zusätzliche Gebühr macht ein Produkt beim Einkauf optisch billiger und hat den Vorteil, dass der Kunde sie nach dem Kauf zumeist ohne Murren zahlt, weil er ja das entscheidende Produkt (den Flug) schon gekauft hat. Ein Rabatt gibt dem Kunden die Zufriedenheit, etwas gespart zu haben. Unser Fahrradhändler würde beispielsweise mit dem Reifenangebot erst kommen, wenn der Deal perfekt ist: »Da haben Sie ein gutes Rad sehr billig bekommen, da wäre vielleicht noch ein wenig Geld übrig, um es noch besser zu machen?«, fragt er meinen Freund. Clever, clever, mein Freund, voller Stolz über sein neues Rad und den günstigen Einkauf, willigt ein und merkt nicht, dass er damit wieder seinen Rabatt verspielt. Aus einem ähnlichen Grund vermute ich, versucht man in Schuhläden Ihnen noch etwas Schuhcreme und Pflegesets anzudrehen, wenn Sie sich schon für die neuen Schuhe entschieden haben.

Manchmal aber merken wir gar nicht, dass uns noch zusätzliche Gebühren abgeknöpft werden, beispielsweise im Schwimmbad. In dem Schwimmbad, das ich regelmäßig besuche, kostet es 10 Cents extra, wenn man sich die Haare föhnen will. Solange Sie kein Glatzkopf oder Frisurenfreigeist sind und draußen 40 Grad im Schatten herrschen, werden Sie zumeist nicht umhin kommen, zähneknirschend 10 Cents zu bezahlen und damit Ihren Badespaß zu verteuern. Alternativ könnte die Schwimmbadleitung ja beschließen, die Kosten für den Badbesuch um 10 Cents anzuheben und dafür die Föhngebühr abzuschaffen. Für den Geldbeutel der Schwimmbadbesucher würde das keinen Unterschied machen, solange sie nach dem Baden auch den Föhn benutzen. Eine ähnliche versteckte Gebühr haben Sie bei Einkaufstüten: In einigen Supermärkten kostet eine Einkaufstüte extra Geld, in anderen Supermärkten hingegen nicht. Aber seien Sie sich sicher, Sie bezahlen auf alle Fälle für eine Einkaufstüte, wenn nicht direkt bei Supermarkt A, dann indirekt bei Supermarkt B. Wenn B nämlich kostenlos Einkaufstüten abgibt, dann hat er sie vorher auf die Preise seiner Produkte aufgeschlagen – und ich als Rucksackträger zahle dann die Einkaufstüte anderer Leute über den Preis der Produkte mit, die ich in Supermarkt B kaufe. Also sollte ich als Rucksackfanatiker lieber in den Supermarkt A gehen, wo jeder seine Einkaufstüte selbst bezahlt, denn dann zahle ich die 10 Cents nicht und zahle sie auch nicht über den Preisaufschlag in den einzelnen Produkten, die ich kaufe.

Der kostenlose Föhn, die kostenlose Einkaufstüte – das alles sind im Grunde Rabatte, die Sie als Konsument selbst bezahlen. Auch der kostenlose Tee bei meinem Stammtürken steckt im Preis für meinen Döner mit drin – deswegen nehme ich ihn immer mit. Das Ärgerliche an solchen vordergründigen Rabatten besteht darin, dass ich sie unter Umständen bezahlen muss, obwohl ich sie nicht bekomme – siehe die Einkaufstüte oder den kostenlosen Föhn im Schwimmbad. Wenn ich in Supermarkt B (der mit den kostenlosen Einkaufstüten) einkaufe und mit dem Rucksack nach Hause gehe, wenn ich im Schwimmbad auf den Föhn verzichte, dessen Kosten mit im Eintrittspreis stecken, dann bezahle ich den Tütenkonsum und die Föhnnutzung anderer Leute. Und was die meisten Menschen nicht wissen: Wir bezahlen viel mehr für solche scheinbaren Rabatte oder Gratisleistungen, als wir es für möglich halten. Nehmen Sie einmal beispielsweise das Fernsehen.

Es gibt ja immer noch Menschen, die glauben, dass ihr Fernsehkonsum kostenlos ist – das stimmt aber nicht. Er mag zwar oft umsonst sein, doch selten kostenlos. Nehmen wir einmal zuerst die privaten Sender: Was für eine wundervolle Sache: den ganzen Tag ein herrliches (?) Fernsehprogramm, und ich zahle keinen Cent dafür. Das tun Sie doch, und zwar auf zwei Weisen: Da sich die Fernsehsender über Werbung finanzieren, bezahlen Sie Ihren Fernsehkonsum in Form von Belästigung und Zeitverschwendung für Werbung – jede Minute Werbung, die Sie über sich ergehen lassen, ist der Preis für den kostenlosen Fernsehgenuss. Doch das ist nicht alles: Die Werbesender bekommen ihr Geld ja von den Anbietern der Produkte, welche in ihrem Programm beworben werden, und woher nehmen diese Anbieter das Geld? Ganz einfach, von den Käufern ihrer Produkte. Wenn Sie im Fernsehen eine Zahnpasta-Reklame sehen für eine Zahnpasta, die Sie selbst benutzen, dann haben Sie Ihren eigenen Fernsehkonsum mit dem Kauf der Zahnpasta bezahlt. Mit anderen Worten: Sie zahlen ein wenig mehr Geld für Ihre Zahnpasta, und dieses Mehrgeld wird vom Zahnpasta-Produzenten in Fernsehwerbung gesteckt, die es wiederum dem Sender ermöglicht, Ihnen kostenfrei gute (?) Spielfilme zu zeigen. Und am Ende müssen Sie feststellen, dass Sie für Ihren Fernsehkonsum doch auch bezahlen.

Nicht ganz, mögen Sie jetzt einwenden, was ist denn, wenn Sie die betroffene Zahnpasta gar nicht benutzen? Wenn Sie nur Produkte kaufen, die nicht beworben werden? In diesem

Extremfall ist Ihr Fernsehkonsum in der Tat bis auf die Belästigung durch Werbung kostenlos, und all die anderen Menschen, die diese Produkte kaufen, zahlen mit ihrer Kaufentscheidung Ihren persönlichen Fernsehkonsum. Der Haken: Die meisten Produkte haben einen Aufschlag für Werbung und Marketing, sodass Sie immer dafür bezahlen, auch wenn Sie kein Fernsehen schauen oder Zeitschriften lesen. Das Einzige, was Sie nicht wissen, ist, ob denn mit den Werbeausgaben, die Sie über das Produkt mitfinanzieren, jene Medien finanziert werden (also in diesen Medien geworben wird), die Sie persönlich konsumieren. Vielleicht wird Ihre Zahnpasta im Fernsehen beworben, während Sie lieber das Goldene Blatt lesen, das mit der Werbung für Klosterfrau Melissengeist finanziert wird (beispielsweise von Ihrem Großvater). Unterstellt man allerdings, dass Werbung immer sehr zielgruppenorientiert ist (ja sein muss), also in den Medien erfolgt, bei denen man im Publikum die potenziellen Käufer dafür vermutet, dann dürfte die Kongruenz zwischen Medienkonsum und Produktkonsum höher ausfallen, als man es auf den ersten Blick vermutet.

Noch schlimmer wird dieser Finanzierungswirrwarr, wenn Sie einmal an das öffentlich-rechtliche Fernsehen denken. Jeder Besitzer eines Rundfunkgerätes zahlt eine Gebühr, mit der das Programm der öffentlich-rechtlichen Sender finanziert wird. Wenn Sie nun ausschließlich RTL und Sat1 schauen, aber nie einen Sitz in der viel apostrophierten ersten Reihe einnehmen, dann zahlen Sie mit Ihren Fernsehgebühren den Fernsehkonsum fremder Menschen – ob das Ihnen passt oder nicht. Und je weniger die Programmgestaltung der Öffentlich-Rechtlichen dem Geschmack und den Wünschen des einzelnen Zuschauers entspricht, umso mehr bezahlt er für eine Leistung, die er nicht nutzt – zum Wohle derer, denen das öffentlich-rechtliche Programm sehr gut gefällt. Diese müssten nämlich für ihren Fernsehkonsum deutlich mehr bezahlen, wenn all jene, die das Öffentlich-Rechtliche nicht wollen, ihre Zahlungen einstellen würden.Wenn Sie also das nächste Mal auf dem Bildschirm die Mainzelmännchen sehen, dann können Sie sich ja einmal fragen, ob dieser Anblick Ihnen wirklich das wert ist, was Sie dafür bezahlen.

Warum es mir egal ist, ob ich Steuern zahle
… und was das unserem Finanzminister sagt

Was täte ich ohne meine Freunde? Mein Kumpel Markus, genannt »Onkel«, hat mir von einer Messe einen Gitarrenverstärker mitgebracht, den ich schon immer kaufen wollte. Er sah das Ding, wusste, dass ich nach einem suche, rief mich kurz an, ich sagte zu – und jetzt bin ich stolzer Besitzer eines neuen Verstärkers. Den brauche ich, um Musik zu machen und ein wenig meine Haushaltskasse aufzubessern – was soll's, ich bin jung und brauche das Geld. Das Geld für dieses Ding hat Onkel mir übrigens vorgelegt, und jetzt beraten wir über die Rückzahlungsmodalitäten: Zahle ich ihm sofort das Geld zurück oder stundet er es mir? Einen Moment lang denke ich nach, und dann komme ich zu dem Ergebnis, dass es völlig gleichgültig ist – es gibt keinen Unterschied zwischen den beiden Zahlungsmodalitäten. Das kann man rasch erkennen, wenn man die beiden Alternativen einmal durchrechnet. Fangen wir einmal mit dem Kredit an und nehmen wir einmal an, ich verpflichte mich, den Kredit nach einem Jahr zurückzuzahlen.

Also, der Verstärker hat 1.000 Euro gekostet, die mir Onkel auf ein Jahr stundet. Nun bin ich ein ebenso korrekter Mensch wie Onkel, sodass ich ihm auch die Zinsen dafür zahle. Lassen wir sie mal der Einfachheit halber 10 Prozent betragen, so schulde ich Onkel am Ende des Jahres 1.100 Euro – 1.000 Euro plus 100 Euro Zinsen. Nehmen wir einmal an, ich habe Anfang des Jahres 10.000 Euro auf dem Konto. Mit Hilfe des Verstärkers mache ich Musik und verdiene bis zum Ende des Jahres 2.000 Euro. Am Ende des Jahres habe ich auf meinem Konto also die 2.000 Euro, die ich mit dem Verstärker verdient habe, plus die 10.000 Euro, die ich am Jahresanfang hatte, plus noch einmal 1.000 Euro Zinsen, die ich auf meine 10.000

Euro bekomme, die auf dem Konto waren.* Macht 13.000 Euro, von denen ich nun noch die 1.100 Euro abziehen muss, die ich Onkel für den Verstärker schulde – bleiben mir am Ende des Jahres noch 11.900 Euro.

So weit, so gut. Jetzt nehmen wir einmal die andere Variante: Ich bezahle Onkel sofort sein Geld, von meinem Konto gehen sofort 1.000 Euro ab. Was habe ich dann am Ende des Jahres? Also, die 2.000 Euro, die ich mit Hilfe des Verstärkers verdient habe. Hinzu kommen die 9.000 Euro, die auf meinem Konto verblieben sind (1.000 habe ich ja am Anfang des Jahres für den Verstärker gezahlt) plus der Verzinsung in Höhe von 900 Euro auf den Kontostand von 9.000 Euro – macht zusammen 9.900 Euro. Zusammen mit den 2.000 Euro komme ich dann auf 11.900 Euro. Sie sehen, auf meinem Konto macht es keinen Unterschied, ob ich den Verstärker heute bezahle oder ein Jahr auf Pump fahre.

Nun kommt mir als schlauem Ökonomen noch ein anderer Gedanke: Wie wäre es denn, wenn ich Onkel den Kredit gar nicht zurückzahle, sondern einfach darauf spekuliere, dass ich die Rückzahlung auf den Sankt-Nimmerleinstag verschiebe? Das muss sich doch rechnen. Also gut, überlegen wir einmal: Ich zahle den Kredit nicht zurück, aber um unsere Freundschaft nicht zu gefährden, zahle ich Onkel brav jedes Jahr seine Zinsen. Was bleibt mir am Ende des Jahres? Zum einen die 10.000, die ich am Jahresanfang hatte, plus die 2.000, die ich verdient habe, plus die 1.000 Verzinsung auf meine 10.000 – macht 13.000 Euro. Davon ab gehen die 100 Euro, die ich Onkel als Zinsen zahlen muss und voilà: Mir bleiben 12.900 Euro übrig. War ich jetzt cleverer? Nicht ganz, denn einen Haken hat die Rechnung noch: Ich muss ja auch die kommenden Jahre Onkel Zinsen von 100 Euro jährlich

* Wir wollen einmal annehmen, dass die 2.000 Euro erst am Ende des Jahres auf meinem Konto eintreffen und ich deswegen keine Zinsen darauf erhalte.

zahlen. Und um sicher zu gehen, dass ich jedes Jahr 100 Euro an Zinsen erwirtschafte, mache ich jetzt Folgendes: Ich lege 1.000 Euro auf die Seite, die sich jedes Jahr mit 100 Euro verzinsen, die ich dann an Onkel zahle. Ziehe ich diese 1.000 Euro nunmehr von den 12.900 Euro ab, verbleiben mir – ist es denn möglich – 11.900 Euro.

Für meinen Freund übrigens machen meine Überlegungen auch keinen Unterschied: In der ersten Variante, in der ich ihm das Geld erst nach einem Jahr zurückzahle, bekommt er zum Jahresende 1.100 Euro (die 1.000 Euro und die 100 Euro Zinsen). Zahle ich ihm das Geld sofort zurück, nimmt er die 1.000 Euro am Jahresanfang und legt sie selbst zu einem Zins von 10 Prozent an, und am Ende des Jahres hat er 1.100 Euro. Bei Variante Nummer drei, bei der ich mich vor der Rückzahlung drücke, ist es ein wenig anders: Wenn er selbst die 1.000 Euro anlegen würde, bekäme er jedes Jahr 100 Euro Zinsen – insofern wäre er damit gleichgestellt der Situation, in der ich ihm jedes Jahr 100 Euro zahle. Der einzige Unterschied besteht darin, dass er nicht frei über seine 1.000 Euro verfügen kann – vielleicht würde er sie lieber gleich ausgeben. Aber auch das wäre kein Problem: Er leiht sich von jemand anderem 1.000 Euro, und die 100 Euro Zinsen, die er zahlen muss, bezahlt er aus den Zinsen, die er ja von mir bekommt. »Es ist für uns beide völlig egal, wann ich dir das Geld zurückzahle oder ob ich es auch überhaupt tue«, präsentiere ich Onkel frech das Ergebnis meiner Überlegungen.

»Ist da ein Trick dabei?«, fragt mich Onkel sofort, als ich ihm meine Überlegungen vortrage. Nein, im Grunde nicht, ich habe nur ein paar Annahmen gemacht: Zum einen habe ich unterstellt, dass Onkel und ich beide unser Geld zum gleichen Zinssatz anlegen können und dass dieser Zinssatz mit dem Zins übereinstimmt, den ich ihm zahle. Und ich habe unterstellt, dass es für den Zinssatz und unser Geschäft keinen Unterschied macht, wer von uns beiden was mit dem Geld anstellt.

Behalte ich diese Überlegungen bei, dann lässt sich dieses kleine Geschäft zwischen meinem Freund und mir auch auf einer etwas höheren Ebene nachspielen – stellen Sie sich einmal vor, dass der Staat von Ihnen Geld will und Sie quasi in meiner Situation sind. Am Anfang des Jahres kommt der Staat – statt meines Freundes – und will Geld von Ihnen haben, seine jährliche Steuerzahlung in Höhe von 1.000 Euro. Als Gegenleistung erhalten Sie staatliche Dienstleistungen wie Verteidigung, Polizei, Leuchttürme und Bundestagsdebatten live im Fernsehen – das entspricht dem Verstärker im obigen Beispiel. Sie erhalten also etwas vom Staat und jetzt fragt sich der Staat, wann er von Ihnen das dafür benötigte Geld haben will, das er ja über Steuern eintreiben kann. Nun können wir einmal die verschiedenen Varianten durchspielen, wie der Staat zu seinem Geld kommen kann. Möglichkeit Nummer eins: Sie zahlen das Geld sofort. Das Ergebnis für Sie entspricht der Variante Nummer eins im obigen Beispiel. Alternativ kann der Staat sich für das Jahr verschulden, um die Mittel, die er benötigt, hereinzuholen, und verlangt von Ihnen am Ende des Jahres 1.100 Euro – schließlich muss er ja seine Schulden verzinsen. Das Ergebnis entspricht der Variante Nummer zwei im obigen Beispiel; die Folgen für Ihren Geldbeutel sind Ihnen bekannt. Fehlt noch Variante Nummer drei: Der Staat verschuldet sich in alle Ewigkeiten und verlangt von Ihnen jedes Jahr 100 Euro Steuern, um seine Zinsen bezahlen zu können. Das Ergebnis für Ihren Geldbeutel kennen Sie.

Das Fazit ist das gleiche wie im obigen Verstärker-Beispiel und es ist ernüchternd: Mir als Steuerzahler kann es egal sein, ob ich Steuern zahle oder ob sich der Staat verschuldet – für meine Brieftasche macht das keinen Unterschied! Ich kann mir kaum vorstellen, dass es jetzt jemanden gibt, der bereit ist, diese Schlußfolgerung anstandslos zu akzeptieren – natürlich muss man beim zweiten Nachdenken einige Einschränkungen machen.

Wie ich bereits sagte, Annahme Nummer eins besteht darin, dass ich für alle Beteiligten unterstellt habe, dass sie sich zum gleichen Zins verschulden können und zum gleichen Zins Geld verleihen werden. Sobald aber in unserem Beispiel einer von uns beiden einen anderen Zinssatz hat, gerät meine schöne Rechnung ins Wanken. Nehmen wir einmal an, dass mein Freund (respektive der Staat) sich zu einem günstigeren Zinssatz verschulden kann als ich. Dann macht er sogar ein Geschäft dabei: Er verschuldet sich zu dem günstigeren Zinssatz, bezahlt aus dem Geld meinen Verstärker, stundet mir das Geld und bekommt von mir höhere Zinsen, als er selbst zahlen muss. Die Differenz zwischen dem Zins, den ich ihm zahle, und dem Zins, den er zahlen muss, multipliziert mit den 1.000 Euro, ist sein Gewinn. Wenn ich mich aber zu einem günstigeren Zinssatz verschulden kann, als ich ihn an Onkel zahlen muss, werde ich zu diesem Zinssatz einen Kredit aufnehmen, Onkel sofort seine 1.000 Euro zurückzahlen und zahle geringere Zinsen – unter dem Strich fahre ich damit dann besser. Auf alle Fälle verändern unterschiedliche Zinssätze das Kalkül auf beiden Seiten erheblich.

Annahme Nummer zwei war, dass die Art, wie Onkel und ich unser kleines Geschäft erledigen, keinen Einfluss auf die sonstigen Bedingungen – die Zinssätze, den Preis des Verstärkers, den Ertrag, den ich mit dem Verstärker erwirtschaften kann – hat. Das dürfte bei der Staatsverschuldung respektive der Steuererhebung nicht mehr der Fall sein, aus einem ganz einfachen Grund: In meinem Beispiel bin ich nicht gezwungen, von Onkel den Verstärker zu kaufen. In Bezug auf den Staat sieht das anders aus: Meine Steuern an den Staat muss ich zahlen, ob ich will oder nicht. Das führt zu folgendem Problem: Je weniger die Dienstleistungen, die der Staat anbietet, dem entsprechen, was ich wünsche, umso mehr empfinde ich die Besteuerung als eine Last, der ich versuche auszuweichen. Und diese Ausweichreaktionen – Schwarzarbeit, Steuerflucht, Steuerhinterziehung – führen dann zu stattlichen Effizienzverlusten in einer Volkswirtschaft, und sie bescheren uns auch einen Teil der derzeitigen Arbeitslosigkeit. Mit anderen Worten: Entfällt die Freiwilligkeit der Zahlung, dann ändern sich die Handlungsweisen der Beteiligten unter Umständen deutlich – und damit auch das Ergebnis meiner Rechnung.

Weiterhin muss ich auch danach fragen, wer denn mit den 1.000 Euro besser umgehen kann respektive der Gesamtwirtschaft einen Mehrertrag erbringen kann. Im obigen Beispiel habe ich unterstellt, dass ich mit dem Verstärker, den ich von Onkels Geld kaufe, 2.000 Euro im Jahr erwirtschafte. Hat Onkel jetzt eine Möglichkeit, mit diesem Geld irgendwo mehr als 2.000 Euro zu verdienen, so wäre das Geld bei ihm besser aufgehoben. Aber das dürfte schwer werden, wenn Sie einmal nachrechnen: Ich habe unterstellt, dass ich mit 1.000 Euro Kapitaleinsatz (Kauf des Verstärkers) 2.000 Euro erwirtschaftet habe, also das eingesetzte Kapital glatt verdoppelt habe! Damit würde sich für mich der Kauf des Verstärkers auch lohnen, wenn Onkel mir einen Zins in Höhe von 90 Prozent abknöpfen würde, denn dann müsste ich am Ende des Jahres zwar 1.900 Euro zurückzahlen, wäre aber immer noch reicher als zu Jahresbeginn – nämlich um glatte 100 Euro.* Wer also das Für und Wider zwischen Staatsverschuldung und Steuererhebung erwägt, muss danach fragen, ob man denn dem Staat überhaupt so viel Geld in die Hand geben sollte und ob es nicht sinnvoller in den Händen von Privatleuten aufgehoben wäre.

Als letzten Punkt bei meinem Beispiel muss man bedenken, dass es nur auf ein Jahr ausgerichtet ist – Staatsverschuldung hingegen wird zumeist über Generationen hinweg aufgebaut, sodass man rasch das Problem bekommt, dass die

---

* Ich muss mich dann nur noch fragen, ob mir der Arbeitsaufwand, den ich zusätzlich zum Kauf des Verstärkers investieren muss, diese 100 Euro wert ist.

heutigen Nutznießer der Staatsverschuldung nicht identisch mit dem Personenkreis sein müssen, der dann die teuren Eskapaden eines Tages zurückzahlen muss. Spätestens jetzt wird es hoch politisch und hoch emotional.

Eine spannende Frage, doch meinen Freund Onkel interessiert sie recht wenig, und spätestens bei dem Punkt, an dem ich ihm erkläre, dass es egal ist, ob ich ihm das Geld zurückzahle oder nicht, macht er mir unmissverständlich klar, dass er gewillt ist, auch für Ökonomen einmal das Faustrecht gelten zu lassen – und bei der Alternative »Kohle oder Zähne« treten solche subtilen ökonomischen Überlegungen gegenüber dem plumpen Existenzkampf gerne ein wenig zur Seite.

Warum Krimis unglaubwürdig sind
… und Vertrauen eine so komplizierte Angelegenheit ist

»Lass die Knarre fallen, oder dem Mädchen passiert etwas!« Klassischer Satz in einem klassischen Krimi: Der Bösewicht hat das Mädchen im Arm, bedroht es mit einer Pistole, während der Held vor ihm steht, ebenfalls eine Pistole in der Hand. Und was macht der Held? Er lässt die Pistole tatsächlich fallen – für mich völlig unverständlich. »Du würdest also schießen, du Held«, beklagt sich meine Freundin über meine mangelnde Feinfühligkeit gegenüber dem weiblichen Opfer. Und meine Begründung, dass gerade eben meine Feinfühligkeit mich dazu veranlassen würde, die Pistole nicht wegzuwerfen, stößt in einer so emotionalen Situation auf taube Ohren.

Also, wenn der Krimi einmal vorüber ist, lassen Sie uns doch einmal überlegen, was in so einer Situation zu tun ist. Dazu bedienen sich Ökonomen gerne des Instrumentariums der Spieltheorie, mit deren Hilfe man Situationen analysieren kann, in denen die beteiligten Parteien auch jeweils das Kalkül der Gegenseite berücksichtigen. Die Ausgangslage ist folgende: Der Täter hat das Drohpotenzial, die Geliebte zu erschießen – Option Nummer eins. Was passiert dann? Er kann davon ausgehen, dass er dann vom Held eine Kugel verpasst bekommt (gehen wir einmal davon aus, dass der Held reflexartig und instinktiv reagiert, lassen wir einmal moralische Bedenken beiseite). Die andere Option des Bösewichtes ist es, zu verhandeln und mit dem Leben davonzukommen – ohne das Mädchen (gehen wir einmal davon aus, dass er keinen Wert auf eine Dame legt, deren Herz einem anderen gehört). Kurzum: Die Option »verhandeln und verdrücken« ist für ihn wesentlich lukrativer als »abdrücken und abtreten«. Wie sieht die Lage bei unserem Held aus? Er hat ebenfalls zwei Strategieoptionen, nämlich auch verhandeln (ich lasse den Schurken sausen und rette meinen Schatz) und ballern (ich riskiere, dass meine Liebste das nicht überlebt). So wie sich die Situation darstellt, ist es vermutlich für alle Beteiligten das Beste, wenn man verhandelt und den Showdown auf ein anderes Mal vertagt, wenn die Liebste aus der Schusslinie ist.

Doch jetzt tut der Gutewicht zumindest in den Krimis etwas anderes: Er legt tatsächlich seine Waffe weg. Jetzt frage ich mich: Was soll das bringen? Die Option »Schießen« ist damit zu den Akten gelegt, womit er bei der Verhandlungsoption keine wirklich schusskräftigen Argumente mehr hat. Warum soll der Schurke jetzt noch verhandeln? Er hat doch jetzt alle Trümpfe in der Hand! Ich überlege mir als Held vorher Folgendes: Wenn ich meine Knarre weglege, dann hat der Schurke keinerlei Veranlassung mehr, mit mir zu verhandeln, und kann mich über den Haufen schießen. Warum also die Waffe wegwerfen? Auf die obige Aufforderung, das Schießgerät abzulegen, sollte der Held eher antworten »Ich bin doch nicht bescheuert!«. Indem er die Waffe weglegt und sich seines Drohpotenzials beraubt, gefährdet er das Leben der Geliebten ebenso wie das eigene – ohne dadurch irgendetwas zu gewinnen.* Warum tut er das also?

Eine Antwort darauf wäre, dass der Held eine vertrauensbildende Maßnahme damit bezweckt: »Sieh her, ich lege auch meine Waffe weg, lass uns verhandeln«, soll das bedeuten. Das geht aber nicht auf, wenn der Schurke nichts mehr zu verlieren hat – wenn ein Toter mehr oder weniger ihm nichts mehr ausmacht und er nur noch an seinem Leben hängt, ist das keine gute Wette. Überhaupt, um Vertrauen aufbauen zu können und jemanden zur Kooperation zu bewegen, muss man sich

---

* Sehen wir einmal von der Situation ab, dass das Haus mit dem Schurken umstellt ist und der Held nur verhandeln soll. Doch selbst dann muss der Held damit rechnen, dass ihn der Schurke dann über den Haufen knallt, wenn er sowieso nichts mehr zu verlieren hat.

eigentlich länger kennen und muss die Erfahrung gemacht haben, dass das Gegenüber auch verlässlich ist, was seine Versprechungen angeht. Und selbst das ist enorm schwierig, zumindest, wenn man ein misstrauischer Ökonom ist.

Stellen wir uns doch zum Thema Vertrauen unter Feinden einmal folgende Situation vor: Der Schurke und der Held werden gezwungen, miteinander zu kooperieren, weil es gilt, einem noch gefährlicherem Schurken das Handwerk zu legen – kein zu fremdes Szenario für einen Krimi, oder? Beide wollen den Oberschurken zur Strecke bringen und wissen, dass in 24 Stunden ihr Deal zu Ende ist – dann muss der Schurke, der kurzweilig zum Partner des Helden mutiert, wieder eingebuchtet werden. Kann dieser Deal zustande kommen? Eigentlich nein, wenn man dieses Geschäft von seinem Ende her durchdenkt. Was überlegt sich der Schurke, der mit dem Helden zeitweilig zusammenarbeiten soll? »Ich werde 23 Stunden und 55 Minuten mit ihm zusammenarbeiten, dann schieße ich ihn über den Haufen.« Diese Überlegung macht sich aber auch unser Held, er kann sich ausrechnen, dass der Schurke ihn fünf Minuten vor dem Ende des Deals eins überbraten wird, und was macht er? Er sieht zu, dass er dem Schurken zehn Minuten vor Ablauf der Zusammenarbeit einen neuen Scheitel zieht. Das wiederum weiß aber auch der Schurke, sodass er nicht fünf Minuten, sondern 15 Minuten vor Ende des Deals selbigen einseitig beendet, was sich wiederum aber auch der Held ausrechnen kann und dann 20 Minuten vorher – aber lassen wir das, Sie sehen, wo das hinführt.Wenn unser Held also den Deal mit dem Schurken vom Ende her denkt, wird er ihn erst gar nicht eingehen, weil er sich ausrechnen kann, dass der Schurke ihn unmittelbar nach Beginn des Deals niederschießt, um ihm zuvorzukommen, dass er ihm vor dem Ende des Deals eine verpasst.

Der Haken an dieser Vereinbarung zwischen dem Helden und dem Schurken liegt darin, dass beide wissen, dass diese Vereinbarung zu Ende geht und dass es sich lohnt, kurz vor

Ende der Vereinbarung den anderen übers Ohr zu hauen statt zu kooperieren. Da der jeweils andere weiß, dass dieser Anreiz auch für sein Gegenüber existiert, wird er bemüht sein, die Vereinbarung eine Runde vor dem anderen zu beenden, und, statt zu kooperieren, die Vereinbarung brechen. Auf diesem Weg kann aber erst gar keine Kooperation zustande kommen.

»Aber wir erleben solche Vereinbarungen doch oft genug, und auch in Krimis finde ich das absolut glaubwürdig«, wirft meine krimibegeisterte Freundin ein. Das ist richtig und lässt sich auch recht einfach erklären. Die eine Möglichkeit besteht darin, dass diese Kooperationen keinen fixen Endpunkt haben. »Solange Dr. No nicht gefasst ist, arbeiten wir zusammen«, lautet zumeist der Deal zwischen Schurken und Helden. Damit ist der Zeitpunkt, zu dem die Kooperation beendet wird, nicht exakt vorherbestimmt und unterliegt also dem Zufall. Damit lohnt es sich zu kooperieren, weil keiner der beiden Beteiligten vorher mit Sicherheit zu sagen weiß, wann der Deal zu Ende ist, also wann Dr. No gefasst sein wird. Wenn nun beide unterschiedliche Erwartungen darüber haben, wann Dr. No gefasst sein wird, dann hat es Sinn zu kooperieren, weil man davon ausgeht, dass man noch vor dem anderen erkennt, wann diese Vereinbarung beendet sein wird, und damit vor dem anderen die Vereinbarung brechen kann. Man kommt dem anderen mit dem Bruch der Vereinbarung einfach deswegen zuvor, weil man vor ihm erkannt hat, wann die letzte Runde in dieser Zusammenarbeit eingeläutet wird.

Die andere Möglichkeit, wie unsere Kooperation zustande kommen kann, besteht in der Setzung entsprechender Anreize: »Wenn Sie helfen, Dr. No zu fassen, werden wir Sie nur wegen Kreditkartenfälschung, nicht aber wegen Juwelenraub belangen«, lautet der Vorschlag an den Schurken. Jetzt kommt es halt darauf an: Erstens muss sich der Held fragen, ob dieser Anreiz reicht, um den Schurken davon abzuhalten, ihm trotzdem zum Ende der Zusammenarbeit eine zu klatschen. Was ist ihm lieber: Zwei Monate wegen Scheckkartenbetrugs absitzen oder aber wegen Juwelenraubes weiterhin gesucht werden, sollte ihm die Flucht gelingen? Und der Schurke muss sich fragen, ob der Held diese Vereinbarung auch gewillt ist einzuhalten – ist Dr. No gefasst, hat er ja eigentlich keine Veranlassung mehr, sich an die Vereinbarung zu halten. Aus diesen Anreizen resultiert ja auch in der Regel die Spannung, wenn Schurke und Held eine solche Kooperation eingehen und sich dann gegenseitig permanent belauern. Und darauf kommt es ja letztlich an in einem Krimi, wer will da schon von einem besserwisserischen Ökonomen gestört werden?

Warum mein Fahrrad nie geklaut wird

... und wie die europäische Union Fahrraddiebe produziert

Ein Bekannter erzählte mir eine schöne Geschichte: Er fuhr mit seinem Fahrrad zu einem Termin in einem vornehmen Frankfurter Hotel. Vor dem Hotel stellte er sein Gefährt ab und bat den Portier, der dort immer vor der Türe steht, das Rad im Auge zu behalten. Als er zurückkam, begrüßte ihn der Portier mit den Worten: »Zeit, dass Sie kommen, es waren schon dreimal angebliche Eigentümer Ihres Rads da, die zwar den Schlüssel zu ihrem Schloß verloren hatten, aber jeder von ihnen hatte zufällig einen Bolzenschneider dabei.« Ja, das ist Frankfurt. Ich hingegen wohne auf dem Land, und nicht nur deswegen bin ich mir sicher, dass mein Fahrrad nicht geklaut wird. Intuitiv antworten Sie mir jetzt sicherlich »Klar, wahrscheinlich haben Sie so eine alte Möhre, dass sich niemand danach auch nur bücken würde.« Gut, das stimmt schon, doch stellen Sie einmal eine alte Möhre in Frankfurt ab – selbst die überlebt dort keine zwei Stunden. Mein Fahrrad zu Hause hingegen hat schon mal eine Nacht im örtlichen Einkaufszentrum überlebt (bitte fragen Sie nicht nach den Umständen).

Gehen wir das Rätsel des Einkaufszentrums-Fahrrads einmal systematisch an. Lassen Sie uns zuerst einmal überlegen, was einen Menschen dazu treibt, kriminell zu werden. Bringen wir es auf den Punkt: Man will reich werden ohne viel Mühe. Und diese beiden Komponenten sind es, denen man sich widmen muss, will man verstehen, warum mein Fahrrad nicht geklaut wird. Komponente Nummer eins ist »reich werden«. Gut, mit meinem Fahrrad kann niemand mehr reich werden, dazu ist es zu wenig wert. Doch der Wert eines Gutes ist nur die eine Seite der Kriminalitätsmedaille, ob jemand etwas klaut, hängt auch davon ab, wie hoch denn die Mühe – unsere zweite Komponente – ist, diesen Gegenstand zu entwenden. Je leichter es ist, sich einen Gegenstand rechtswidrig anzueignen, umso eher wird das auch geschehen. Und je schwerer es ist, etwas zu klauen, umso eher wird man es sein lassen, weil dann der Aufwand in keiner gesunden Relation mehr zum Ertrag – also dem Wert des zu stehlenden Gutes – steht.

Überlegen Sie einmal: Würden Sie die Kronjuwelen stehlen? Sicher, das ist eine attraktive Beute, aber der Aufwand zu einem erfolgreichen Coup wäre so groß, dass man fast mit ehrlicher Arbeit schneller reich wird. Genau das ist ja auch der Hintergedanken beim Diebstahlschutz: Je aufwändiger – sprich: teurer – ein Gut geschützt ist, umso mehr Mühen hat der Verbrecher, es zu entwenden, und umso unattraktiver wird es. Nehmen wir an, die Kronjuwelen sind 200 Millionen Dollar wert, und nun kommt ein Profi, der Ihnen anbietet, diese Juwelen zu entwenden. Allerdings würden seine bescheidenen Dienstleistungen Sie 210 Millionen Dollar kosten – klingt das nach einem guten Geschäft? Der Trick an Diebstahlsicherungen besteht schlichtweg darin, ein Gut nicht absolut einbruchsicher zu machen, sondern es nur so weit abzusichern, dass der Aufwand den Ertrag, also den Wert des zu stehlenden Objektes, übersteigen würde. Deswegen kann ich an meinem alten Rad nur ein harmloses Schloss anbringen – für so eine Möhre holt niemand einen Bolzenschneider aus dem Kofferraum.

Und es kommt noch eine weitere Komponente der Mühen hinzu, nämlich das Risiko. Je riskanter ein Einbruch oder Diebstahl ist, umso teurer wird die ganze Veranstaltung unter dem Strich für Sie, denn das Risiko ist ein Kostenbestandteil. Überlegen Sie einmal: Würden Sie die Kronjuwelendienstleistungen unseres Gauners auch kaufen, wenn er Ihnen diese für sagen wir 199 999 990 Dollar anbieten würde? Immerhin wäre Ihr Reinerlös – vorausgesetzt Sie verkaufen die Juwelen für die 200 Millionen – noch 10 Dollar hoch, das ist doch ein Geschäft, oder? Nicht wirklich, wenn wir ein wenig weiter denken: Sie müssen die Kronjuwelen ja noch zu Geld machen und gehen dabei immer das Risiko ein, dass man Sie schnappt und wegen Hehlerei ins Gefängnis wirft. Und dieses Risiko wollen Sie auf sich nehmen, nur um dann netto 10 Dollar zu verdienen? Nicht wirklich, denke ich.

Um es auf den Punkt zu bringen: Hinter der Idee, kriminell zu werden, steht das Motiv, mit wenig Arbeit und Risiko schnell reich zu werden. Je höher jedoch der Aufwand für eine kriminelle Tat wird, umso weniger stimmt die Komponente »ohne Arbeit«. Und je höher das Risiko negativer Folgen aus meiner kriminellen Handlung ist, umso höher sind die Kosten und umso niedriger wird der Ertrag – das reduziert die »Reich werden«-Komponente im kriminellen Kalkül. Die Risiko-Komponente können wir uns noch einmal ein wenig näher anschauen. Das Risiko hat nämlich zwei Komponenten: die Wahrscheinlichkeit, erwischt zu werden, und die Höhe der sich daran anschließenden Bestrafung. Nehmen wir zunächst einmal an, wir würden in einer Welt leben, in der jeder Verbrecher gefasst wird. Würden Sie dann noch ein Verbrechen begehen? Das hängt auch von einer weiteren Komponente ab, nämlich von der Höhe der Bestrafung. Nehmen wir einmal an, die Bestrafung in unserer Welt, in der alle Verbrecher sofort geschnappt werden, wäre sehr milde, dann würde es vielleicht trotzdem weiter Verbrechen geben – die Verbrecher würden dann einfach abwägen, ob die Kosten, die ihnen durch die Bestrafung entstehen, unter dem Gewinn liegen, den sie durch ihr Verbrechen erwirtschaften könnten. In einer anderen extremen Welt, in der Verbrecher nur mit einer äußerst geringen Wahrscheinlichkeit erwischt werden, dann aber sofort drakonisch mit lebenslanger Haft bestraft werden – egal was sie angestellt haben –, gäbe es wahrscheinlich immer noch Verbrechen, aber nur deswegen, weil Verbrecher darauf spekulieren würden, dass man sie nicht erwischt. Sie haben als Gesetzgeber also bei der Bekämpfung von Verbrechen die Wahl: Entweder Sie erhöhen drastisch die Strafen, treiben damit die Kosten für die Verbrecher in die Höhe und senken dadurch die Anreize für Verbrecher, oder aber Sie verstärken den Polizeiapparat und erhöhen damit die Wahrscheinlichkeit, dass Verbrecher auch gefangen werden, und erhöhen auf diesem Weg die Kosten des Verbrechens.

Und jetzt können wir zusammenfassen, warum mein Fahrrad nicht geklaut wird: Der potenzielle Ertrag – nämlich der Wert meines Fahrrads – ist gering, die Kosten – Bolzenschneider holen, Risiko erwischt zu werden – sind relativ hoch. Unter dem Strich kein gutes Geschäft für einen Kriminellen. So, und jetzt werden Sie sicher denken, dass Sie mich bei einer Widersprüchlichkeit erwischt haben: Habe ich oben nicht gesagt, dass in Frankfurt auch Schrottmöhren geklaut werden? Stimmt, das werden Sie; aber trotzdem glaube ich, dass meine Schrottmöhre nicht geklaut wird. Und das hängt damit zusammen, dass das Wort »Risiko« für jeden Menschen eine andere Dimension hat. Widmen wir uns einmal dem potenziellen Fahrraddieb in Frankfurt. Wenn Sie die Mainmetropole einmal besucht haben, dann wissen Sie auch, wer die potenziellen Fahrraddiebe sind: Menschen mit einer »ungünstigen Sozialprognose«, wie Sozialarbeiter sagen würden, will heißen: Menschen ohne Geld und Hoffnung. Wer aber wenig Geld hat, für den sind auch die wenigen Euro, die er mit einer Schrottmöhre verdienen kann, viel Geld, und wer wenig Hoffnung hat, für den stellt die mögliche Konfrontation mit dem Arm des Gesetzes kein großes Risiko dar – was hat er denn schon zu verlieren?

Bei meinem Fahrrad hingegen ist das etwas anderes: Es steht immer nur in der Kleinstadt, in der ich wohne. Hier finden Sie keine sozialen Brennpunkte wie in Frankfurt, und das Viertel, in dem ich mein Rad am häufigsten abstelle, wird vor allem von Rentnern und gutsituierten Menschen bewohnt, für die mein Rad keinen Wert darstellt. Und durch ihren Wohlstand haben sie auch einiges zu verlieren, wenn sie mit dem Gesetz in Konflikt kommen würden: Sie wollen nicht wirklich für einen Gegenstand im Wert meines Fahrrads ihr Heim und ihren Wohlstand aufs Spiel setzen. Der Knackpunkt an meiner Behauptung, dass mein Fahrrad nie geklaut wird, liegt also auch darin, dass ich mein Fahrrad nie mit nach Frankfurt nehme – dort würde es das gleiche Schicksal erleiden wie all die anderen Fahrräder.

Mit diesem Hintergedanken, wer wohlhabend ist, scheut vor illegalem Handeln zurück, lassen sich einige Ideen zur Bekämpfung von Kriminalität – vor allem in Entwicklungsländern – entwickeln. Warum wird denn in Südamerika beispielsweise Kokain angebaut? Nicht, weil die dortige Bevölkerung chronisch drogenaffin ist oder den Europäern etwas Böses will, sondern schlichtweg, weil der Anbau von Drogen das meiste Geld bringt und weil dort Armut herrscht. Wenn Sie jetzt fragen, warum die Bauern dort nicht andere Dinge anbauen, um Geld zu verdienen, dann sollte unser Blick gen Brüssel wandern: Dort hat man beispielsweise verfügt, dass auf südamerikanische Bananen Zölle aufgeschlagen werden, was die Absatzchancen der Südamerikaner reduziert. Und wer keine Bananen verkaufen kann, der verkauft dann eben etwas, worauf er keinen Zoll zahlen muss – beispielsweise Drogen. Und diese Drogen sind es dann, die wiederum die armen Menschen in Frankfurt dazu bringen, billige Fahrräder zu stehlen. So bizarr kann Politik sein.

Warum Quizshows keine gute Sache sind
… und man auch schlechte Nachrichten lesen sollte

Stellen Sie sich einmal vor, auf der Straße begegnet Ihnen ein gut gekleideter Mann, der Ihnen folgenden Vorschlag macht: Er wettet mit Ihnen um einen Betrag von 25.000 Euro. Alles, was Sie tun müssen, ist, ihm eine Frage zu beantworten, für die er Ihnen vier mögliche Antworten vorgibt. Beantworten Sie die Frage richtig, bekommen Sie 25.000 Euro, liegen Sie falsch, müssen Sie 25.000 Euro zahlen. Die meisten Menschen, die ich kenne, antworten, vor eine solche Wahl gestellt, sofort mit einem entrüsteten »Nein, natürlich nicht« – und doch sehe ich jeden Tag Menschen, die sich genau auf dieses Spiel einlassen und sogar bereit sind, selbiges vor einem Millionenpublikum zu tun. Glauben Sie nicht? Dann schalten Sie einmal Ihren Fernseher an, dort passiert das fast täglich in jeder dieser Quizshows, die sich mittlerweile epidemieartig über das Land ausgebreitet haben.

Schauen Sie genau hin: »Bei der nächsten Frage geht es noch mal um 25.000 Euro – gewinnen Sie, haben Sie 50.000 Euro, liegen Sie falsch, verfällt Ihr Gewinn«, höre ich den Moderator aus der Glotze locken, während ich meinen Abwasch mache und mich über den Wagemut der Kandidaten wundere, denn viele von ihnen machen weiter, anstatt zu sagen »Danke, die 25.000 sind mir genug, ich höre auf«. Es sind wohl die gleichen Leute, die ein solches Ansinnen auf offener Straße mit einem Ruf nach der Polizei beantworten würden. Aber hier machen sie mit – warum? Lassen Sie uns vielleicht erst einmal die Fakten nachrechnen. Der Einsatz beträgt 25.000 Euro, der Gewinn ebenfalls. Falls Sie von der Frage keinen blassen Schimmer haben, gewinnen Sie mit einer Wahrscheinlichkeit von 25 Prozent, nämlich indem Sie die richtige Antwort einfach dadurch erraten, dass Sie blind eine der vier Antwortvorgaben tippen. Gewichtet mit ihrer Wahrscheinlichkeit beträgt der Wert der Siegessumme somit 6.250 Euro – nämlich 25.000 Euro multipliziert mit 25 Prozent. Das ist deutlich weniger als Ihr Einsatz von 25.000 Euro, unter dem Strich ist das also ein recht ungünstiges Geschäft.

Um dieses Geschäft für den Kandidaten ein wenig attraktiver zu machen, werden oft noch Hilfestellungen angeboten – man kann jemanden anrufen, das Publikum befragen – oder aber es wird dem Kandidaten wenigstens ein Mindestgewinn zugesichert, sodass er nicht die kompletten 25.000 Euro verliert. Aber auch das kann nichts daran ändern, dass diese Quizshow aus der wahrscheinlichkeitstheoretischen Perspektive ein eher ungünstiges Geschäft für unseren Kandidaten ist. Also noch mal die Frage: Warum tut er das?*

Ich vermute, dass die Kandidaten Opfer eines fatalen psychologischen Effektes werden, den mir ein Bekannter, der sich mit diesem Thema professionell beschäftigt, einmal anschaulich illustriert hat. Auf einem Vortrag über psychologische Fallen machte er folgendes Experiment: Er schenkte einem der Zuhörer einen Lottoschein mit der Maßgabe, er solle sich die Spiel-77-Zahl auf dem Schein, die zu einer Sonderauslosung gehört, bis zum Ende der Veranstaltung besonders gut einprägen, was der Beschenkte dann auch tat. Dann fragte er am Ende der Veranstaltung den Beschenkten, ob er ihm den Lottoschein wieder verkaufen wurde – und der Beschenkte lehnte ab. Erst für eine Summe, der den Preis des Scheins um das Doppelte überstieg, war der Mensch, der sich die Spiel-77-

---

* Beim 50:50-Joker« werden zwei Antworten gestrichen. Der Erwartungswert dieser Aufgabe liegt dann exakt bei Null: Mit 50 Prozent Wahrscheinlichkeit gewinne ich 25.000 Euro und habe dann 50.000 Euro, mit 50 Prozent Wahrscheinlichkeit verliere ich 25.000 Euro. Damit beträgt der Erwartungswert dieser Wette exakt Null (25.000 Gewinn mal 50 Prozent minus 25.000 Verlust mal 50 Prozent). Würden Sie sich auf eine solche Wette einlassen?

Nummer eingeprägt hatte, bereit, den Schein wieder zu verkaufen. Was war passiert?

Psychologen vermuten, dass Menschen Dingen, die ihnen gehören, einen größeren Wert beimessen als anderen Gegenständen. Der Beschenkte hatte den Lottoschein dadurch, dass er sich die Nummer merkte, zu seinem eigenen, persönlichen Schein gemacht, der für ihn mehr wert war als irgendein anderer. Und genau der gleiche Effekt – nur in der anderen Richtung – führt meiner Meinung nach dazu, dass Menschen in Quizshows bereit sind, Beträge zu verwetten, die sie normalerweise nie auf offener Straße mit sich herumtragen würden. Ökonomisch gesehen besteht kein Unterschied zwischen der Situation in der Quizshow und der Wette auf der Straße: In beiden Fällen besitze ich bereits 25.000 Euro: In der Quizshow habe ich sie bereits gewonnen, auf der Straße entnehme ich sie meiner Brieftasche. Und in beiden Fällen kann ich 25.000 Euro verlieren oder gewinnen. Der Unterschied in der Quizshow besteht meines Erachtens darin, dass der Kandidat die 25.000 Euro auf seinem Konto nicht als »sein« Geld betrachtet und es deswegen so unbekümmert einsetzt – er besitzt es einfach noch nicht. Wäre er mit den gleichen 25.000 Euro aus der Quizshow rausmarschiert in die nächste Show, so würde er dieses Geld vermutlich nicht riskieren, denn dann hat er es mental als sein Eigentum verbucht.

Hier haben wir ein klassisches Beispiel, wie die Psyche dem homo oeconomicus ein Schnippchen schlägt, und es finden sich noch mehr solcher Beispiele. Sie glauben gar nicht, wie sehr unser Informationsverhalten den Schwächen der menschlichen Psyche unterliegt. Ein Beispiel gefällig? In Studien hat man folgendes Experiment mit einigen Probanden gemacht: Zuerst wurde vor ihren Augen ein Rad gedreht, auf dem verschiedene Zahlen standen, und eine Zahl per Zufall ausgelost. Dann wurde den Versuchspersonen eine Frage gestellt, beispielsweise, wie viele afrikanische Staaten in der UNO seien. Das Ergebnis war eindeutig: Bei ihren Antworten orientierten sich die Probanden auffallend eng an der Zahl, die zuvor per Zufall durch das Glücksrad ausgelost wurde – obwohl sie doch wussten, dass diese Zahl rein zufällig war. Diesen Effekt finden Sie oft: Die Einschätzung einer Wahrscheinlichkeit wird durch das Umfeld dramatisch beeinflusst. Sollten Sie vor kurzem einen Tornado erlebt haben, dann werden Sie viel eher gewillt sein, eine Versicherung gegen Unwetter abzuschließen, weil Sie die Wahrscheinlichkeit eines solchen Ereignisses auf einmal viel höher einschätzen – obwohl sich an der statistischen Wahrscheinlichkeit dafür nichts geändert hat. Sie haben einen Börsencrash miterlebt? Dann werden Sie die Finger von Aktien lassen, obwohl die Chancen an den Börsen nach einem Kurssturz vielleicht sogar eher positiv sind.

Und es kommt noch schlimmer: Nicht nur der Rahmen, in dem Ihnen Informationen präsentiert werden, entscheidet über Ihr Urteil, auch die Präsentation der Informationen verzerrt unsere Entscheidung: »In 95 Prozent aller Fälle geht diese Operation gut«, führt zu einer anderen Einschätzung des Risikos als »In fünf Prozent aller Fälle kommt es zu Komplikationen« – obwohl es sich statistisch betrachtet um den gleichen Sachverhalt handelt. Sogar die Reihenfolge, in der Informationen präsentiert werden, kann entscheidend sein: »Die Zahl der Arbeitsplätze in Amerika ist gestiegen, doch zugleich hat das Verbrauchervertrauen in Amerika abgenommen« lese ich in meiner Zeitung. Finden Sie diese Meldung unter dem Strich positiv? Und wie würden Sie diese Meldung empfinden, wenn dort stehen würde »Das Verbrauchervertrauen in Amerika sinkt, auch wenn die Zahl der Arbeitsplätze zugenommen hat«? Das klingt schon unfreundlicher, oder?

Der größte Stolperstein dürfte doch vermutlich unser eigenes Ich sein. Stellen Sie sich einmal vor, Sie haben sich für ein Auto entschieden. Nachdem Sie dieses Auto gekauft haben, lesen Sie aber weiterhin Ihre Auto-Zeitschriften. Experimente haben gezeigt, dass Menschen dazu neigen, nur solche Informationen wahrzunehmen, die ihre einmal getroffene Entscheidung bestätigen. Sie würden also in Ihrer Zeitschrift dazu tendieren, beispielsweise negative Berichte über andere Wagen wahrzunehmen, aber eine Kritik an dem von Ihnen gerade erworbenen Modell oder ein billigeres Angebot zu übersehen oder aber sich selbst erklären, dass Ihr Kauf trotzdem eine gute, richtige Entscheidung war. So geht es vor allem Menschen, die an der Börse anlegen: Haben sie einmal eine Aktie gekauft, so tendieren sie dazu, bei ihrem Informationsverhalten systematisch Quellen auszublenden, die ihre Entscheidung nachträglich infrage stellen. »Dieses Magazin lese ich nicht mehr, die hatten mal so eine schlechte Kritik über die T-Aktie drin, dass ich da seitdem nicht mehr reinschaue«, erklärt mir ein Bekannter. Auf meine Nachfrage stellte sich heraus, dass er die Aktie selbst gekauft hatte. Vielleicht hätte er dieses Magazin gerade wegen der schlechten Kritik über die T-Aktie lesen sollen, um sozusagen seinen Informationskreis über dieses Papier auszuweiten – dass er die guten Informationen über die Aktie bereits kennt, hat er ja mit seinem Kauf dokumentiert. Durch seine Weigerung, schlechte Nachrichten über die Aktie wahrzunehmen, hat er sich möglicherweise einer wichtigen Informationsquelle beraubt.

Den Grund dafür vermuten Psychologen im Bedürfnis des Menschen, mit sich selbst im Reinen zu sein: Eine negative Information über die Aktie würde dazu führen, dass unser Wohlbefinden leidet, denn hier ist eine Information, die uns zwingt, unsere bereits getroffene Entscheidung zu überdenken: Habe ich etwa falsch entschieden? Diesem psychischen Druck mag ich mich nicht aussetzen, und verhindern kann ich das, indem ich solche Informationen, die mein Wohlbefinden stören könnten, einfach nicht zulasse. Leider verschwinden negative Nachrichten nicht einfach dadurch, indem man sie ignoriert. Und wenn der Moderator einmal gesagt hat »Tut mir leid, richtig wäre Antwort B gewesen«, dann ist das Geld futsch. Also lassen Sie sich von Ihrer Psyche keinen Streich spielen – was man hat, das hat man.

Warum man nett zu seinen Nachbarn sein sollte
… und Exporte schlecht für uns sind

Ich habe eine Nachbarin – und ich verstehe mich gut mit ihr. Das ist noch nichts Weltbewegendes, mögen Sie jetzt entgegnen. Doch für mich ist dieses gute Verhältnis recht wichtig: Ich tausche nämlich mit meiner Nachbarin täglich die Zeitung. Ich lese meiner Profession entsprechend eine überregionale Zeitung, mag aber auch nicht auf den kommunalen Klatsch verzichten. Meine Nachbarin hingegen liest die kommunale Zeitung, würde aber auch gerne ab und an einen Blick darauf riskieren, was denn so alles in der großen weiten Welt geschieht. Also haben wir eine Vereinbarung getroffen: Am Ende eines jeden Tages legt meine Nachbarin mir die Regionalzeitung vor die Haustüre und sie erhält im Gegenzug von mir dafür meine überregionale Zeitung. Das ist eigentlich die ganze Geschichte, und mir will nicht in den Kopf, dass es immer wieder Leute gibt, die am Nutzen dieser Vereinbarung zweifeln. Glauben Sie nicht? Ich denke, es gibt eine Menge Menschen, die an der Vorteilhaftigkeit solcher Arrangements zweifeln, ohne dass Sie es wissen.

Lassen Sie uns einmal festhalten: Ein freiwilliger Austausch von Zeitungen zwischen zwei Parteien ist sinnvoll, würden Sie mir da zustimmen? Gut, gehen wir nun einmal einen Schritt weiter. Lassen Sie uns sagen, dass ein freiwilliger Austausch jeglicher Güter zwischen zwei Parteien immer Sinn macht – lassen Sie das auch noch gelten? Wenn ich mit meiner Nachbarin vereinbare, dass ich eine Flasche von meinem selbst gebrannten Kirschlikör gegen ein paar Stück ihres köstlichen selbst gebackenen Kuchens tausche – würden Sie mit mir darüber übereinstimmen, dass dies doch für uns beide eine gute Sache wäre? Ich denke schon. Und wie sieht es denn mit kleinen Gefälligkeiten aus: Ich übernehme für meine Nachbarin das Rasenmähen, und sie hängt dafür ab und an meine Wäsche auf. Das ist doch eigentlich eine gute Sache, oder? Ich denke, die meisten Menschen werden mir in diesen Beispielen zustimmen: Der freiwillige Austausch von Gütern oder Dienstleistungen zwischen zwei Beteiligten ist stets eine gute Sache – das ergibt sich alleine schon daraus, dass dieser Tausch ja freiwillig geschieht. Sollte eine der beiden Parteien sich bei dieser Geschichte benachteiligt fühlen, dann würde sie diesen Tausch einfach nicht mitmachen.

Und dennoch erlebe ich es oft in Diskussionen, dass Menschen die Vorteilhaftigkeit solcher Arrangements bezweifeln, und ich glaube, dass es sehr viele Menschen sind, die auch so denken. Woher ich das zu wissen glaube? Ganz einfach, durch meinen Gang durch die Buchhandlung. Dort finden sich meterweise Bücher über die Übel der Globalisierung, die offenbar den Nerv des Publikums treffen, sonst würden sie sich nicht so gut verkaufen. Und dort findet der Leser all seine Vorurteile gegen die böse, böse Globalisierung bestätigt: Sie ist schlecht und bringt Armut und Verderben über die ganze Welt.* Frage ich meine Nachbarin, so hat sie vielleicht die gleiche Meinung, doch an unseren Tauscharrangements würde sie, denke ich, immer festhalten und würde mir auch zustimmen, dass dieses Arrangement für uns beide von Vorteil ist.

Nun gut, jetzt fängt die Überzeugungsarbeit an: Welcher Unterschied besteht denn zwischen dem Tauscharrangement zwischen mir und meiner Nachbarin und den Handelsbezie-

---

* Bemerkenswerterweise sind diese Bücher fast ausschließlich von Nicht-Ökonomen geschrieben – Juristen, Ingenieure, eine Romanschriftstellerin befindet sich auch darunter. Wie viele Bücher über Ingenieurswissenschaften kennen Sie, die von Nicht-Ingenieuren geschrieben sind? Interessanterweise behaupten diese Nicht-Ökonomen stets, dass wir Ökonomen mit unseren Ideen und Theorien falsch liegen – da muss wohl unser ganzes Studium eine Fehlinvestition gewesen sein, wenn wir es nicht besser wissen als unsere nicht-studierten Kritiker.

hungen zweier Staaten? In beiden Fällen geht es darum, freiwillig Güter zum gegenseitigen Nutzen auszutauschen. Auf privater Ebene erkennt und akzeptiert jeder Mensch sofort die Vorteile der Arbeitsteilung, doch sobald diese zwischen Nationen erfolgt, scheint die Vorteilhaftigkeit eines solchen Arrangements aber nicht mehr zu gelten. Dabei kann ich auch an einer Arbeitsteilung zwischen Staaten zunächst nichts Verwerfliches erkennen. Deswegen wollen wir uns die Einwände einmal etwas näher ansehen.

Als erstes Argument findet sich oft, dass internationaler Handel Ausbeutung sei – die Entwicklungsländer seien gezwungen, ihre Waren an die Industrieländer zu Preisen zu verkaufen, die nicht dem wahren Wert ihrer Güter entsprechen. Dieses Argument ist mir unverständlich, und zwar aus mehreren Gründen. Erstens wird sich nie einwandfrei feststellen lassen, was der wahre Wert eines Gutes ist – Ökonomen bevorzugen den Marktpreis. Und da der Tausch der Waren freiwillig vonstatten geht und kein Entwicklungsland gezwungen ist, seine Waren zu diesem Preis zu verkaufen, steht das Argument, die Entwicklungsländer würden ihre Waren unter Wert verkaufen, auf tönernen Füßen. Solange der Tausch zwischen meiner Nachbarin und mir auf freiwilliger Basis geschieht, kann keiner von uns behaupten, der jeweils andere habe sich auf Kosten des Gegenübers bereichert, denn jedem von uns bleibt ja auch immer die Möglichkeit, das Tauschangebot des Gegenübers auszuschlagen. Korrekt wäre es zu behaupten, dass sich beide Seiten bereichert haben.

Ich vermute, dass dieses Urteil eines für die Entwicklungsländer unvorteilhaften Tausches aus einer anderen Beobachtung entspringt: In der Regel exportieren Entwicklungsländer Güter, die mit viel Arbeitsaufwand hergestellt werden, aus dem einfachen Grund, weil sie wenige Maschinen, aber viele Arbeitskräfte haben. Und genau aus diesem Grund sind diese Güter auch billig: Weil Arbeitskräfte in diesen Ländern zahlreich vorhanden sind, ist Arbeit dort billig – und dementsprechend die mit Arbeit hergestellten Güter. Für viele Menschen bestimmt sich der Wert eines Gutes in ihrer Wahrnehmung aber über den damit verbundenen Arbeitsaufwand – dass unsere Güter beispielsweise auch deswegen teuer sind, weil dort ein gewaltiger Einsatz von Maschinen dahinter steht, wird rasch vergessen. Wenn wir uns darüber beklagen, dass dort Menschen zehn Stunden am Tag Teppiche knüpfen müssen, so liegt dies nicht daran, dass sie von den Industrieländern dazu gezwungen werden, sondern daran, dass ihre Wirtschaft ihnen keine anderen Verdienstmöglichkeiten bietet. Und dass die Industrieländer nicht bereit sind, für diese Güter mehr zu bezahlen, liegt daran, dass sie sich bei einem Tausch zu einem höheren Preis benachteiligt fühlen würden: »Für eine Flasche Ihres selbst gemachten Likörs tausche ich doch nicht zwei Kuchen ein, da lassen wir das besser sein«, höre ich meine Nachbarin sagen.

Nehmen wir uns noch einmal des zweiten großen Arguments gegen die Globalisierung an, nämlich dass sie uns alle arm macht. Das kann ich nun gar nicht verstehen: Was an unserem bescheidenen kleinen Tauschgeschäft soll dazu führen, dass meine Nachbarin und ich am Ende der Veranstaltung ärmer sind? Das Argument der Globalisierungskritiker geht in etwa wie folgt: Da in den Entwicklungsländern Arbeit so billig ist und die Entwicklungsländer mit ihren billigen Produkten den Weltmarkt überschwemmen, führt dies zu einem allgemeinen Verfall der Preise und damit auch der Arbeitslöhne – im freien Welthandel konkurrieren sich die Staaten gegenseitig in den Ruin. Zwei Dinge befremden mich immer an dieser Argumentation: Erstens kommt sie stets von Menschen, welche die Funktionsfähigkeit des Wettbewerbs grundsätzlich infrage stellen, wenn man mit ihnen diskutiert – perfekten Wettbewerb gebe es nicht, weswegen auch die Ergebnisse der Ökonomen in Bezug auf den Wettbewerb falsch seien. Gut, was die Existenz eines perfekten Wettbewerbs angeht, stimmen ihnen sogar wohl alle Ökonomen zu, doch wenn es diesen perfekten Wettbewerb nicht gibt, wie soll er dann auf der anderen Seite dazu führen, dass er die gesamte Welt eben via jenen perfekten Wettbewerb im internationalen Handel in den Ruin stürzt? Denn nichts anderes steht hinter der Verelendungsthese als die Ansicht, dass perfekter Wettbewerb zwischen den Staaten zur Verelendung der Welt führt.

Aber lassen wir dieses Argument beiseite, noch etwas gibt es, was mich an der Verelendungsthese stört: Warum sollen mich meine Tauschgeschäfte mit meiner Nachbarin arm machen? Gut, seit ich mit meiner Nachbarin im regen Tauschhandel stehe, backe ich selbst keinen Kuchen mehr, denn ich bekomme ihn billiger, wenn ich, statt selbst mühsam Kuchen zu backen, eine Flasche Likör mehr brenne und diese tausche. Dieses Geschäft macht mich doch nicht ärmer, sondern reicher: Ich kann meine unzulänglichen Backkünste dadurch kompensieren, indem ich mehr Likör brenne, was ich wesentlich besser kann. Und auch meine Nachbarin wird reicher, denn sie muss ihren Likör nicht mehr selbst brennen. In Bezug auf Außenhandel bedeutet das, dass wir bestimmte Güter nicht mehr selbst herstellen, sondern sie aus dem Ausland beziehen. Bei Gütern wie Ananas leuchtet uns das unmittelbar ein, dass wir so etwas nicht selbst anbauen sollten, aber bei anderen Gütern sträubt sich unser Verstand anscheinend dagegen. Dabei gilt auch hier: Wir werden zwar einige Güter nicht mehr herstellen, weil wir sie jetzt aus dem Ausland beziehen, aber dafür stellen wir von anderen Gütern jetzt mehr her, damit wir diese mit dem Ausland tauschen können.

Diese Argumentation sollte Ihnen noch etwas deutlich machen: Wir betreiben Außenhandel nicht, um Arbeitsplätze zu schaffen. Immer wieder höre ich in Diskussionen – auch in der Politik – dass man mehr exportieren müsse, um mehr Arbeitsplätze zu schaffen. Das Beispiel mit meiner Nachbarin sollte Ihnen klar machen, dass das eigentliche Ziel des Außenhandels nicht darin besteht, mehr zu arbeiten, sondern darin, fremde Güter zu erwerben. Ich brenne nicht eine Flasche

Likör mehr, um länger beschäftigt zu sein, sondern um ihn gegen einen Kuchen zu tauschen. Ziel des Außenhandels ist es also nicht, mehr zu arbeiten, sondern weniger. Überlegen Sie einmal: Ein Exportüberschuss eines Landes – den unsere Politiker stets gerne als Ausdruck zusätzlicher Arbeitsplätze, die man auf diesem Weg schaffen kann, werten – wäre mit der Situation zu vergleichen, dass ich meiner Nachbarin ein paar Fläschchen Likör übereigne, aber keinen Kuchen im Gegenzug erhalte – das ist schlichtweg unvorteilhaft für mich; für meine Mehrarbeit erhalte ich keine Gegenleistung. Ich gebe den Likör doch nur her, um einen Kuchen zu bekommen; ich exportiere also, um Importe zu bekommen. Die Exporte sind im Grunde genommen die Schattenseite des Außenhandels, denn mit ihnen bezahle ich meine Importe. Eigentlich müssten wir uns über ein Handelsbilanzdefizit freuen, bedeutet es doch, dass uns der Rest der Welt vorübergehend Sachen auf Kredit überlässt. Und müssten wir diese Importe nie mit Exporten bezahlen – weil unsere Handelspartner der irrigen Annahme erliegen, dass ein Handelsbilanzüberschuss gut für sie ist, weil er Arbeitsplätze schafft, dann hätten wir diese Importe geschenkt bekommen.

Diesen Überlegungen setzen die Globalisierungskritiker ein weiteres Argument entgegen: Was aber, wenn ein Land alle Güter billiger als der Rest der Welt herstellen kann und mit diesen Billiggütern den Markt überschwemmt? Würden dann nicht die Preise weltweit sinken und die anderen Staaten in Armut versinken?

Das würden Sie vielleicht, wenn dieses Szenario realistisch wäre – ist es aber nicht.* Überlegen Sie einmal: Selbst wenn

---

* Empirisch ist eher zu beobachten, dass mit zunehmenden Exporterfolgen auch das Lohnniveau des exportierenden Landes zunimmt. Exemplarisch dafür Staaten wie Hongkong oder Singapur, von denen man vor 20 Jahren behauptete, dass sie mit ihren Billiglöhnen die Europäer in den Abgrund stürzen. Heute lamentiert man in diesen Staaten selbst über Billiglohnkonkurrenz.

ich auch besser Kuchen backen könnte als meine Nachbarin, so wäre es doch sinnvoll, weiterhin Kuchen von ihr zu beziehen. Das liegt daran, dass ich vielleicht zwar besser backen kann als meine Nachbarin, aber noch besser kann ich Likör brennen als meine Nachbarin. Also macht es Sinn, dass ich mich komplett aufs Likörbrennen konzentriere und das Kuchenbacken, das ich nicht so perfekt beherrsche, meiner Nachbarin zu überlassen. Auf diesem Weg kann ich mehr Likör produzieren, den ich anschließend gegen Kuchen tauschen kann. Und das Ganze nennt sich dann schlichterweise Spezialisierung. Solange ich mit jemandem in Austauschbeziehungen stehe, solange wird es immer sinnvoll – und damit vorteilhaft für beide Seiten – sein, wenn sich jeder der beiden Partner auf eine Sache spezialisiert. Das alles geht mir durch den Kopf, während ich meiner Nachbarin wieder einmal die Zeitung vor die Tür lege – auf der Titelseite ganz groß ein Artikel, in dem ein wichtiger Politiker vor den negativen Folgen der Globalisierung warnt. Vermutlich hat der arme Mensch keine Nachbarn.

Warum man nur eine Frau heiraten sollte

… und warum ein Heiratsmarkt wirklich ein Heiratsmarkt ist

Es ist ein uralter Traum der Hälfte der Menschheit: Mann will so viele Frauen wie möglich haben. Und immer, wenn die Jungs etwas mehr gebechert haben, keine Damen mehr an Bord sind und die Stimmung sich ihrem Höhepunkt nähert, wird die Idee in den höchsten Tönen gepriesen, es dereinst den Muselmanen gleich zu tun. Nun gehöre ich auch zum männlichen Teil der Menschheit, und dieser Teil in mir weiß um die fatalen Mechanismen, welche in unseren Köpfen wirken, doch der Ökonom in mir sagt auch, dass die Vorstellung der Vielweiberei für einen Mann bei nüchterner ökonomischer Betrachtung etwas sehr Unangenehmes hat – die wahren Gewinner dieser Form der Familienführung wären nämlich Sie, meine Damen. Ein harter Schlag für meine Kumpels, die sich nur widerwillig von meinen Argumenten überzeugen lassen. Aber urteilen Sie selbst.

Ausgangspunkt meiner Überlegungen ist die Idee, dass auch der Heiratsmarkt letztlich ein Markt wie jeder andere ist und damit den gleichen Gesetzmäßigkeiten unterliegt. Und eine dieser grundlegenden Gesetzmäßigkeiten lautet: Knappe Güter sind teuer. Sollte dieser Sachverhalt auch für den Heiratsmarkt zutreffen (und ich denke, er tut es), so bringt die Polygamie uns Männer in Teufels Küche. Dazu muss man sich nur überlegen, wie denn die Situation sich verändern würde, hätten wir auf einmal statt der Ein- die Vielehe. Stellen wir uns einmal einen Heiratsmarkt vor, auf dem ebenso viele Männer wie Frauen aufeinander treffen. Die Karten werden gemischt, die Pärchen bilden sich und am Ende des allgemeinen Suchens stehen dann lauter (hoffentlich glückliche) Ehepaare, und keiner bleibt übrig. Nun werden die Spielregeln geändert, und jeder Mann hat die Erlaubnis, mehrere Frauen zu heiraten. Was wird passieren?

Einige beherzte, gut aussehende und wohlbetuchte Herren werden den Anfang machen und sich mehr als eine Frau angeln (wir wollen hier einmal unterstellen, dass es genügend Damen gibt, die selbiges auch bereit wären mitzumachen). Jetzt kommt das Heiratskarussell neu in Schwung und am Ende der Veranstaltung wird jedem klar, dass einige Männer zwangsweise übrig bleiben müssen, ohne eine Frau zu ergattern. Was werden denn die verzweifelten potenziell unfreiwilligen Junggesellen tun? Was würden Sie tun? Klarer Fall, man verspricht den Damen das Blaue inklusive der Sterne vom Himmel herunter. In die Sprache der Ökonomen übersetzt würde man jetzt sagen: Der Preis für eine Frau steigt (bitte entschuldigen Sie diese despektierliche Äußerung, lassen wir einmal um der Erkenntnis willen die politische Korrektheit außen vor). Und mit steigendem Preis müssen sich die Herren der Schöpfung wesentlich mehr anstrengen, um eine Herzensdame zu erobern, will in der kalten Ökonomiesprache heißen: Sie müssen mehr zahlen für das schöne, knappe Gut Frau, zahlen in Form von Aufmerksamkeit und Anstrengung. Hier geht der Ärger für uns Männer also dann richtig los: Reichte es vielleicht früher, sich zu waschen und den Scheitel zu kämmen, um an ein Rendezvous zu kommen, müssten wir jetzt wesentlich größere Anstrengungen unternehmen, um zum Zug zu gelangen. Die Ansprüche der Damen würden steigen, da sie ja auch wissen, dass sie es sich leisten können, diese Ansprüche zu stellen – schließlich sind sie das knappe Gut. Die Konsequenz: Die Bedingungen für eine Heirat verschieben sich zu Ungunsten der Herren. Reichte es früher vielleicht, ein Häuschen und gutes Aussehen zu bieten, so muss nun noch das Versprechen dazu, auch stets ohne Murren den Müll rauszutragen (etwas, wovor wir Männer ausgeprägte Angst haben). Die Damen erweisen sich somit als die wahren Gewinner der Vielehe.

Nun können Sie, werter männlicher Leser, den Einwand vorbringen, dass Sie ja bereits geheiratet haben und sich deswegen von den fatalen Ereignissen auf dem Heiratsmarkt nicht mehr betroffen fühlen. Das ist eine trügerische Sicherheit, denn die Frauenknappheit hat auch Konsequenzen für diejenigen Glücklichen, die eine (oder zwei oder drei) Damen ergattert haben. Überlegen Sie einmal: Ihre Angetraute weiß auch, dass sich die Marktverhältnisse deutlich zu ihren Gunsten gewandelt haben. Was glauben Sie, wird passieren, wenn Sie das nächste Mal wieder bocken, weil Sie den Müll raustragen sollen? Der dezente Verweis Ihrer besseren Hälfte darauf, dass draußen vor der Tür ein Dutzend heiratswilliger Kandidaten steht, die sofort bereit sein werden, den Müll rauszutragen, sollte Sie zum Einlenken bewegen.

Sie sehen, die durch die Vielehe ausgelöste Knappheit an Frauen strahlt mit ihren Folgen auch in die bereits bestehenden Beziehungen aus, und zwar umso mehr, je weniger bindend die Arrangements sind, in denen Mann und Frau zusammenleben. Denn je leichter einer Frau der Wechsel fällt, umso eher muss ihr Mann damit rechnen, dass sie es auch tut, und umso größer ist ihre Machtposition gegenüber dem Göttergatten. Und umso mehr muss dieser strampeln, um seine bessere Hälfte bei Laune zu halten.* Und das sind dann die Folgen der von uns Männern so sehnlich herbeigewünschten Vielweiberei: Wir müssen mehr strampeln, um überhaupt eine Partnerin zu bekommen, und wir müssen noch mehr strampeln, um diese dann auch zu halten, und müssen stets damit rechnen, dass sie uns wegen eines anderen verlässt. Hört sich das immer noch so phantastisch an?

Nun können Sie sagen, dass sich zwischenmenschliche Beziehungen nicht in so profane Kategorien wie Angebot und Nachfrage pressen lassen. Ist das Zwischenmenschliche denn

---

* Das könnte auch erklären, warum Vielehen in manchen Kulturen so strenge Kodizes bezüglich einer Trennung aufweisen – damit will man genau diesen Wettbewerb unter den Männern unterbinden, indem man den Frauen verbietet, den Mann zu wechseln.

wirklich eine Veranstaltung, die sich den Zwängen von Angebot und Nachfrage entzieht? Ich glaube nein, und restlos
überzeugt bin ich davon, seitdem mir ein paar Freunde ihre
Erfahrungen mit Partnervermittlungsbörsen im Internet
schilderten. Vielleicht haben Sie schon von diesen Plattformen gehört: Man meldet sich dort an, stellt sein Bild ins
Netz, beantwortet ein paar Fragen zu Vorlieben, Hobbys und
Wunschpartner(in) und wartet dann, wer auf diese Anzeige
anspringt. Und nach allem, was mir meine Freunde erzählt
haben, ist das, was sich auf diesen Plattformen abspielt,
Markt pur. Jeder stellt hier sein Angebot – sein Aussehen,
sein Wesen und seine Vorlieben – ins Netz und wartet darauf,
wie der Markt – also das andere Geschlecht – darauf reagiert.
Und je attraktiver das Angebot ist, das man ins Netz stellt,
mit umso mehr Zuspruch – will heißen: Nachfrage – kann der
Betreffende rechnen.

So ist beispielsweise in den Plattformen auffällig, dass sich
in den jüngeren Jahrgängen vor allem Männer tummeln –
Frauen unter 28 können sich in den Plattformen manchmal
kaum vor E-Mails retten. Was sagt uns das? Ganz einfach, in
dieser Altersklasse ist das Angebot an Männern größer als
das von Frauen, weswegen es hier die Herren sind, die strampeln müssen.* Das dürfte vermutlich auch daran liegen, dass
Frauen unter 28 für Männer jedes Alters attraktiv sind – was
bedeutet, dass eine enorme Nachfrage nach ihnen besteht,
über alle männlichen Altersklassen hinweg.

Doch sobald man die 30 überschreitet, ändern sich die Verhältnisse: Jetzt sind es die Herren der Schöpfung, nach denen
eine gesteigerte Nachfrage besteht – ein sicheres Indiz dafür,
dass sich jetzt die Machtverhältnisse ändern, vielleicht auch
deswegen, weil die meisten Männer in diesem Alter bereits
verheiratet sind. Wer es aber nicht ist, kann sich als Mann mit

* In die gleiche Richtung geht der Umstand, dass bei vielen Partnerbör-
  sen Frauen keine Gebühren zahlen müssen.

Familiengründungsabsichten etwas mehr Zeit lassen als eine Frau. Besonders zahlreich, so berichten meine Freunde, sind allein erziehende Frauen, und der Grund liegt zumindest nach marktwirtschaftlicher Sicht auf der Hand: Sie sind als Partnerin potenziell schwieriger als allein stehende Frauen, was nicht an ihrem Charakter liegt, sondern an der Tatsache, dass sie ihr Leben primär auf einen anderen Menschen – ihr Kind – ausrichten müssen.

Gut, es klingt herzlos und kalt, aber wenn ich Geschichten über solche Börsen höre, komme ich nicht umhin, in ihnen die einfache ökonomische Ratio von Angebot und Nachfrage zu sehen. Aber zugegeben: Ich wische diesen Eindruck gerne beiseite, um mir ein paar Illusionen zu erhalten. Hoffen wir, dass es nicht nur Illusionen sind.

Warum man Zahlen nicht trauen kann

… und manche Diskussionsteilnehmer vielleicht nicht so kompetent sind, wie es scheint

Jeder kennt es, das Churchill-Zitat, das besagt, dass man nur den Statistiken trauen solle, die man selbst gefälscht hat.* Leider ist da schon ein wahrer Kern dran – nur zu oft werden Zahlen dazu benutzt, Wissenschaftlichkeit vorzutäuschen, wo eigentlich Eigeninteresse oder Ideologie im Spiel sind, und auch die Werbung nutzt Zahlen gerne zum Mogeln. Haben Sie Lust auf ein paar Beispiele?

Ein Klassiker unter den Zahlentäuschern sind Grafiken, die Zahlenreihen darstellen – beispielsweise Umsätze oder Gewinne. Die Finanzbranche macht des Öfteren Reklame mit der Wertentwicklung ihrer Produkte, indem sie eine fesche Grafik dazustellt, auf der eine steil nach oben gerichtete Linie gezeigt ist, die die Güte und hervorragende Wertentwicklung des beworbenen Produktes signalisiert. Doch leider ist die Wertentwicklung der beworbenen Produkte in den vergangenen drei Jahren nicht immer zur Zufriedenheit der Kunden verlaufen – da ist guter Rat teuer, sollte man meinen. Aber eigentlich ist der gute Rat recht billig, denn was haben die Werbeprofis der Finanzinstitute gemacht? Ganz einfach, sie lassen die Grafik an einem vorher sehr genau ausgewählten Punkt beginnen. Ein Beispiel: Bis zum Jahr 2000 sind die Aktienkurse steil gestiegen, danach umso tiefer abgetaucht. Was macht man also? Man wählt einen möglichst langen Darstellungszeitraum, sodass die Kurve im Schaubild steil anzusteigen scheint und die Verluste im allerletzten Abschnitt – als die

---

* Allerdings ist es bisher nicht gelungen, ihm dieses Zitat wirklich nachzuweisen – möglicherweise ist ja sogar das Zitat über gefälschte Statistiken gefälscht.

Werte gefallen sind – optisch nur noch recht klein wirken. Den Vogel schoss hier eine amerikanische Fondsgesellschaft ab, welche die Wertentwicklung ihres Fonds ab dem Jahr 1927 (!) in einer Grafik bewarb – dass sich der Wert der Fondsanteile in den letzten beiden Jahren der Grafik gegenüber dem Jahr 2000 halbiert hatte, konnte man in der Grafik dann gar nicht mehr sehen, weil der Wertanstieg von 1927 bis 2000 so groß war, dass diese Delle in der Grafik praktisch nicht erschien. Und die Botschaft der Grafik war damit: Soviel hätten Sie verdient, wenn Sie 70 Jahre lang gespart hätten. Möchten Sie so lange auf Ihr Geld warten?

Wenn man allerdings nicht auf so lange Zeitreihen zurück-greifen kann, um seiner Grafik ein wenig Pepp zu verleihen, dann fängt man sie eben erst auf dem Tiefpunkt an. Das geht dann in etwa so: Bis März 2003 sind die Kurse gefallen, da-nach haben sie wieder angezogen. Und ab welchem Zeitpunkt lässt man dann seine Grafik laufen? Klarer Fall, ab März 2003, womit unser Finanzprodukt uns auf einmal vorkommen muss wie eine Vermögensrakete – den Absturz davor hat man einfach ausgeblendet. Sie sehen, es kommt immer darauf an, welchen Betrachtungszeitraum man wählt, und schon kann man je nach Belieben steigende oder fallende Kurven herbei-zaubern.

Optisch kann man solche Tricks dann noch unterstützen, indem man die Grafik ein wenig staucht oder zieht, sodass die Verhältnisse der Grafik von den wahren Zahlenverhältnissen abweichen. Unser Auge vertraut dann automatisch dem, was es sieht, und suggeriert unserem Hirn, dass die Verluste, die in den Zahlen ausgewiesen sind, gar nicht so schlimm sind – schließlich zeigt doch die Grafik, dass das alles gar nicht so wild aussieht. Dass die Grafik lügt, vergisst man dann rasch, und es gibt auch nirgendwo ein Gesetz, dass die Proportionen einer Grafik auch den tatsächlichen Proportionen der mittels dieser Grafik repräsentierten Zahlen entsprechen müssen. Hier betrügt die Grafik unser Unterbewusstsein, und unser

Unterbewusstsein betrügt dann unsere Urteilskraft. Ein Paradebeispiel für diese Grafikschummelei finden Sie in den Werbebroschüren der Bundesregierung zur Agenda 2010. Dort hat man Ausgaben für Familie mit verschieden großen Kinderwagen bebildert, deren Größe in einem geradezu lächerlichen Verhältnis zu den Zahlen stehen, die sie repräsentieren sollen. Großzügig war die Regierung dann im Zweifelsfalle nur mit dem Platz, den man den stilisierten Kinderwagen einräumte, nicht aber mit den Mitteln zur Familienförderung.

Ähnliche Effekte lassen sich erzielen, wenn man den Menschen Exaktheit vorgaukelt. Da lese ich in meiner Zeitung, dass es im Jahr 2002 in Amerika 117.831 kosmetische Eingriffe gab, in denen sich der Kunde das Gesicht straffen ließ (das so genannte Facelifting). Nicht 117.830, auch nicht 117.832, nein, genau 117.831 Eingriffe. Und die durchschnittlichen Kosten betrugen 5.352 Dollar – und keinen Cent mehr oder weniger. In vielen Zeitungsartikeln werden Sie mit einer statistischen Exaktheit informiert, die Sie doch eigentlich erstaunen muss – woher haben denn die Journalisten, Experten, Statistiker diese so exakten Zahlen? Wie wollen Sie in einem 290-Millionen-Einwohner-Land wie den Vereinigten Staaten auf die Operation genau feststellen, wie viele Faceliftings es gab? Wie ist es denn möglich, dass wir manche gesamtwirtschaftliche Variablen bis auf die Nachkommastelle genau in unserer Zeitung finden – hat man denn da alles so genau nachgezählt? Hat man nicht. In der Regel entstehen solche Zahlen durch Hochrechnungen, Schätzungen und Fortschreibungen. Doch anstatt dann zu sagen, dass es um die 120.000 Eingriffe gab, klatscht der Journalist dem Leser die exakte Zahl um die Ohren – am besten noch mit Nachkommastelle. Und die vermeintlich exakten Durchschnittswerte entstehen dadurch, dass man eine prognostizierte oder hochgerechnete Zahl durch eine andere Zahl dividiert – beispielsweise wenn Sie nun die Anzahl der Faceliftings pro Kopf ausrechnen wollen. Das Ergebnis ist nur in den seltensten Fällen eine gerade

Zahl und gaukelt dem Betrachter dann eine Scheingenauigkeit vor, die es gar nicht gibt. Die unexakte Antwort auf die Frage, wie viel ein Facelifting in Amerika kostet, wäre wohl »zwischen 4.900 und 5.300 Dollar« oder »rund 5.000 Dollar« gewesen – aber welcher Zeitungsleser mag denn schon eine so unpräzise Information hinnehmen?

Noch schlimmer wird diese Scheingenauigkeit, wenn man mittels einer einzigen Zahl eine Aussage über eine gesamte Volkswirtschaft machen will. Sie wollen wissen, wie reich ein Land ist? Dann nennt Ihnen Ihre Zeitung oftmals das nominale Bruttoinlandsprodukt – ohne Ihnen anzugeben, mit was für einem Wechselkurs dieses Inlandsprodukt umgerechnet worden ist, was für eine Bevölkerungszahl das Land hat, wie sonstige Wohlstandsindikatoren wie Kindersterblichkeit, Analphabetismus oder Umweltverschmutzung verteilt sind und wie hoch die Inflation in dem betreffenden Land ist.

Genauso problematisch wie der Versuch, mit einer Zahl Auskunft über Wohl und Wehe einer Volkswirtschaft zu geben, ist der Versuch, den Zustand des amerikanischen Aktienmarktes anhand des Dow Jones-Index, dem in Amerika wohl bekanntesten Börsenindex, abzulesen. In diesem Index sind 30 amerikanische Aktiengesellschaften vertreten, und die hat man noch nicht einmal mit ihrer Größe (um genau zu sein: mit ihrer Marktkapitalisierung, das ist die Anzahl der im Umlauf befindlichen Aktien, multipliziert mit dem Wert der Aktien) gewichtet, sondern lediglich einen einfachen Durchschnitt gebildet. Die Kursentwicklung des kleinsten Unternehmens im Index hat dann auf den Wert des Dow Jones-Index den gleichen Einfluss wie die Entwicklung des größten Unternehmens.

Halten Sie es für richtig, den Zustand des amerikanischen Aktienmarktes, auf dem mehr als 6.000 Unternehmen gehandelt werden, danach zu beurteilen, wie sich die Kurse der 30 größten Unternehmen im ungewichteten Durchschnitt entwickelt haben?

Unterschätzen Sie nicht die Leichtfertigkeit, mit der Menschen oftmals mit Durchschnitten umgehen, hier noch ein weiteres Beispiel dafür, dass ungewichtete Durchschnitte zwar oftmals nicht sinnvoll, aber sehr beliebt sind: Die Weltbank hat in einer umfangreichen Studie herausgefunden, dass die Ungleichheit in der Welt in den vergangenen 20 Jahren zugenommen hat. Schockiert gingen die Globalisierungsgegner mal wieder auf die Barrikaden und klagten den Kapitalismus an, der Schuld an diesem Übel sei. Doch dann kam ein Ökonom – Xavier Sala-i-Martin – auf die Idee, sich diese Zahlen mal ein wenig näher anzusehen. Das Ergebnis war eine schallende Ohrfeige für die Weltbank, und zwar aus folgendem Grund: Die Weltbank hatte bei der Berechnung der Einkommensverteilung in der Welt jedes Land gleichgewichtet. Mit anderen Worten: Die Tatsache, dass die zwei Milliarden Menschen in China und Indien in den vergangenen Jahren erheblich an Wohlstand gewonnen haben, floss in die Berechnungen der Weltbank mit dem gleichen Gewicht ein wie der Umstand, dass in einigen afrikanischen Staaten mit einer Bevölkerung von zusammen nicht einmal 200 Millionen Menschen die Armut zugenommen hatte.

Stellen Sie sich vor, Sie sollen eine Aussage darüber treffen, wie sich die Einkommen in der Bundesrepublik entwickelt haben und bekommen die Information, dass sie in allen Bundesländern gleich geblieben sind, jedoch in Nordrhein-Westfalen gestiegen und in Bremen und Hamburg gesunken sind – würden Sie dann sagen, dass die Einkommen in der Republik gestiegen oder gesunken sind? Die Weltbank würde Ihnen darauf antworten, dass sie gesunken sind – auch wenn in Nordrhein-Westfalen wesentlich mehr Menschen leben als in Hamburg und Bremen zusammen.

Noch schlimmer ist, dass ein Durchschnitt nichts über die Verteilung aussagt. Was soll denn das heißen? Ein Beispiel: Nehmen Sie an, in einer Stadt wohnen 100 Menschen, von denen 99 ganze 100 Euro pro Monat verdienen und ein Millionär, der 100.000 Euro verdient. Das Durchschnittseinkommen würde dann 1.099 Euro betragen – nämlich 99 mal 100 plus einmal 100.000 Euro geteilt durch 100. Aber würde diese Durchschnittszahl Ihrem intuitiven Empfinden nach einer repräsentativen Zahl entsprechen? Eher nicht, denke ich. Deswegen greifen Statistiker gerne zum so genannten Median: Das ist der Wert, der eine Grundgesamtheit von Zahlen exakt in der Mitte teilt. Wenn man die Zahlen der Größe nach in einer Reihe aufstellt, so stehen rechts und links vom Median jeweils 50 Prozent der Werte. In unserem Beispiel wäre der Median dann also 100. Will man noch mehr über die Verteilung einer statistischen Grundgesamtheit erfahren, so gibt es weitere spezielle Kennziffern, die dem arithmetischen Mittel ein wenig mehr Sinn verleihen. Der Durchschnitt für sich alleine betrachtet ist im Grunde genommen wenig aussagekräftig. Wenn Ihnen also in einer Zeitung ein Durchschnittswert begegnet, so denken Sie immer an den alten Statistikerwitz über Durchschnitte: Den Kopf im Backofen, die Füße im Eisschrank – aber im Durchschnitt stimmt die Temperatur.

Das Schlimme an solchen Zahlen ist, dass wir Menschen ihnen vertrauen. Wer immer in eine Diskussion geht, bewaffnet sich am besten mit Zahlen. Vielleicht erinnern Sie sich noch an die beiden Fernsehduelle zur Bundestagswahl 2002. Ganz typisch war für mich eine Szene, in der Kandidat Stoiber dem Kandidaten Schröder an den Kopf warf, man hätte ja gesehen, dass die Investitionen in einem bestimmten Industriebereich ja um soundsoviel komma soundsoviel Prozent zurückgegangen seien. Ich verwette meinen gesamten Schokoladenvorrat darauf, dass die Berater von Herrn Stoiber ihm diese Zahl eingebleut und gesagt haben, er solle sie an passender Stelle einfließen lassen. Das täuscht nicht nur Kompetenz vor, sondern auch Objektivität und Genauigkeit, und jeder ist beeindruckt, obwohl niemand eigentlich genau weiß, was Herr Stoiber damit sagen wollte. Hätte man Herrn Stoiber gefragt, was er damit meint, ob seine Zahlen inflationsbereinigt seien (auch ein gern gemachter Fehler), wie die Zahlen in den Vorjahren aussahen oder einfach nur, ob er die Brutto- oder Nettoinvestitionen meint – ich bin mir ziemlich sicher, er hätte passen müssen.

Wenn man zynisch ist, kann man sogar noch einen Schritt weiter gehen: Nicht nur sinnlose, zusammenhangslose oder verzerrte Statistiken sind ein gutes Mittel, um in Diskussionen aufzutrumpfen – diskutiert man in einem weniger öffentlichkeitswirksamen Rahmen als einem Kanzlerduell, dann kann man auch schlichterweise einfach ein paar Zahlen erfinden. Wer will das auf die Schnelle nachprüfen, und wer will den Disputanten der Lüge bezichtigen? Da ist schnell so ein Klassiker herbeigezaubert, dass ja laut Umfragen 70 Prozent der Leute für meinen Standpunkt seien – oder dagegen, wie es denn beliebt. Nun will ich Sie weder zur Lüge ermuntern, noch Ihnen den Glauben an jegliche Kraft der Zahlen nehmen – aber ein wenig kritisches Hinsehen schadet nie, wenn man mal wieder ein paar Zahlen oder bunte Charts präsentiert bekommt. Versteht man diese nicht, so hat man nicht als Leser oder Zuhörer das Problem, sondern der Schreiber oder Vortragende ist derjenige, der ein Problem haben sollte.

Warum Ökonomen Röcken hinterherschauen
... und woran man lausige Zeiten erkennt

Es sind lausige Zeiten – wo man hinhört, schlechte Nachrichten, Sorgen um die Wirtschaft, Arbeitsplätze und die Politik. Als examinierter Ökonom weiß ich das nicht nur aus den Nachrichten oder Erzählungen, sondern auch aus dem Studium der einschlägigen Literatur. Liest man die entsprechenden Publikationen, so findet man immer wieder lange Ausführungen darüber, wie schlecht die Wirtschaft aussieht und findet dazu allerlei Konjunkturindikatoren oder Statistiken über Lagereingänge, Arbeitsplätze, Handelsbilanzen und hast du nicht gesehen. Frappierenderweise dauert es ziemlich lange, bis sich Ökonomen dazu durchringen zu konstatieren, dass man nun eine Rezession, also einen wirtschaftlichen Abschwung, durchleide – oft wissen die Wissenschaftler das erst, wenn die Rezession schon vorbei ist. So ratlos schon die Profis sind, so ratlos müssen doch schon wir Durchschnittsbürger sein, wenn wir uns über den wahren Zustand unserer Wirtschaft ein Bild machen wollen. Doch mit ein wenig Beobachtungsgabe kann sich im Grunde genommen jedermann ein Bild davon machen, wie es denn um die heimische Wirtschaft bestellt ist. Was halten Sie von ein wenig Konjunkturanalyse für den Alltag?

Um sich zu überlegen, woran man denn eine Konjunkturkrise erkennt, müssen wir uns zuerst überlegen, was denn eine solche Krise bedeutet. Eine Rezession meint nichts anderes, als dass die wirtschaftliche Aktivität des Landes – die Produktion, das Arbeitsaufkommen, der Konsum – sinkt. Woran könnten wir das denn im Alltag festmachen? Mein erster Vorschlag besteht darin, mit offenen Augen durch die Stadt zu gehen. Je mehr Schilder Sie sehen, auf denen zu lesen ist »Zu vermieten«, »Räumungsverkauf« oder »Alles muss raus«, umso mehr können Sie davon ausgehen, dass es der Wirtschaft schlecht geht. Ladenschließungen, leere Büroflächen und Räumungsverkäufe sind ein Zeichen für eine nachlassende Wirtschaftsaktivität. Genauso kann man beobachten, dass in schlechten Zeiten die Zahl der Bekannten steigt, die entweder ihren Arbeitsplatz verloren haben oder um ihn bangen – falls man nicht sogar selbst dazu gehört. Ein weiteres gutes Indiz für eine schwächelnde Wirtschaft sind die Stellenmärkte in den Zeitungen – je dünner die Zeitung ist, umso weniger Stellenangebote gibt es und umso lausiger geht es der Wirtschaft. Überhaupt, aus den Medien lassen sich noch mehr Hinweise auf eine Rezession generieren: Manche Wirtschaftsmagazine bestimmen den sogenannten R-Wort-Indikator, sie zählen, wie oft das Wort »Rezession« in der Berichterstattung der Medien auftaucht. Einfacher ist es, auf das Anzeigenaufkommen der Medien zu schauen: Je weniger Werbung, umso schlechter die Wirtschaft. Sind die Zeitungen, Magazine oder Hefte dünn und mit wenig Werbung, sind die Werbeblöcke im Rundfunk kurz, so deutet das alles auf eine schwache Wirtschaft hin.

Ein weiteres Zeichen für eine nachlassende Wirtschaftstätigkeit besteht darin, dass die Staumeldungen im Radio morgens abnehmen: Je weniger Menschen arbeiten und morgens in eines der großen Zentren pendeln müssen, umso geringer ist der Verkehr. Hinzu kommt, dass auch der Güterkraftverkehr in schlechten Zeiten nachlässt – weniger Produktion bedeutet weniger Nachschub, bedeutet weniger LKWs auf der Straße, bedeutet weniger Staus. Eine ähnliche Beobachtung können Sie morgens in den Pendlerzügen machen – in Boomzeiten bekommt man oft keinen Sitzplatz, das ändert sich in schlechten Zeiten oftmals, und nicht nur wegen des schlechten Services der Deutschen Bahn.

Das Thema Verkehr bringt einen dann recht schnell zu der Frage, ob auch eine steigende Zahl von Baustellen ein Indiz für eine florierende Wirtschaft ist – beispielsweise Autobahnbaustellen. Öffentliche Bauaufträge sind ein beliebtes Mittel zur Stimulierung der Konjunktur, weswegen sie gerade in schlechten Zeiten gerne eingesetzt werden. Und – was noch schlimmer ist – ich kann mich des Eindrucks nicht erwehren, dass in meinem Heimatland besonders dann viel gebaut wird, wenn Wahlen vor der Türe stehen. In diesen Fällen taugen Baustellen nicht als Konjunkturindikator. Unter Umständen sind viele Baustellen auch das, was Ökonomen vornehm einen nachlaufenden Indikator nennen: Die Zahl der Baustellen nimmt erst zu, wenn die Konjunktur schon wieder im Begriff ist abzuflauen. Das kann daran liegen, dass zwischen dem Zeitpunkt des Beschlusses zu bauen und der Umsetzung viel Zeit verstreicht, die mit Planungen, Genehmigungen, Vorbereitungen und ähnlichen zeitraubenden Dingen verbracht wird. Man beschließt in der Hochkonjunktur zu bauen, und wenn dann endlich Richtfest gefeiert wird, sind bereits zwei Jahre um und die Konjunktur ist schon längst wieder auf Talfahrt.

Diese Konjunkturindikatoren sind vielleicht nicht so überraschend, aber hier habe ich noch zwei Indikatoren, die erst auf den zweiten Blick aussagekräftig sind. Eine nachlassende Wirtschaftstätigkeit bedeutet auch, dass die Bürger des Landes weniger Geld zum Ausgeben haben, und bemerken kann man das beispielsweise an Fastnacht. Die vergangenen Jahre war ich auf dem Rosenmontagszug in meiner Landeshauptstadt, und dabei ist mir eines aufgefallen: Das Ausmaß der Bonbons, Süßigkeiten und sonstiger Dinge, die von den Wagen unter das Volk geworfen wurden, war meiner Meinung nach stark von der wirtschaftlichen Situation abhängig – je schlechter die Konjunktur war, umso weniger wurde geworfen. So wurde man noch im Jahr 2000 mit Süßigkeiten, Eiscreme, Bonbons und ähnlichen Köstlichkeiten zugeworfen, doch schon 2002 waren es eher Konfettis, billige Werbegeschenke und viele Hellaus, die man von den Fastnachtswagen erntete.

Ebenso anekdotisch und wenig messbar, aber als privater Konjunkturindikator durchaus verwendbar ist das Ausmaß der Knallerei an Silvester: Je üppiger das Feuerwerk, umso besser die Laune der Menschen, umso besser für die Konjunktur. Je mehr die Menschen an Silvester ballern, desto optimistischer gehen sie in das neue Jahr, und umso optimistischer dürften sie auch ihre wirtschaftliche Lage einschätzen. Wenn Sie jetzt einwenden, dass dies alles recht unpräzise Indikatoren sind, dann haben Sie Recht, ebenso wie Sie Recht haben, wenn Sie sagen, dass dies keine »harten« Fakten und Zahlen sind, wenn man sie nicht richtig messen kann. Aber es sind in der Konjunkturforschung nicht nur die harten Fakten, die entscheiden, sondern auch die Psychologie – 50 Prozent der Konjunktur sind Psychologie, glauben selbst viele gut ausgebildete Ökonomen. Das hängt damit zusammen, dass die wirtschaftliche Lage eines Landes auch durch den Konsum bestimmt wird. Um es ganz grob zu skizzieren: Je mehr die Menschen konsumieren, umso besser läuft die Wirtschaft. Und wann konsumieren die Menschen mehr? Wenn sie erstens mehr Geld in der Tasche haben, aber zweitens auch, wenn sie guter Dinge und optimistisch sind. Wer Angst um seine Zukunft, seinen Job und sein zukünftiges Einkommen hat, der wird sein Geld zusammenhalten, selbst wenn er derzeit viel verdient – mit entsprechenden Folgen für die Wirtschaft.

Diese Überlegungen sind es auch, die einen meiner Lieblingskonjunkturindikatoren rechtfertigen, der unter Ökonomen ab und an diskutiert wird, auch wenn ich mir nicht ganz sicher bin, wie ernst meine Zunft diesen Indikator wirklich nimmt: Es handelt sich um die Länge der Röcke der aktuellen Mode. Je kürzer die Röcke der Damen werden, so die Idee, umso besser ist es um die Konjunktur bestellt. Das hört sich auf den ersten Blick recht esoterisch an, doch im Lichte der obigen Überlegungen kann man dieser Idee ein wenig abgewinnen. Hinter dem Rock-Konjunkturindikator steht nämlich folgende Überlegung: Wann neigen die Damen dazu, kürzere

Röcke zu tragen? Na, wenn es ihnen gut geht, sie optimistisch sind und etwas wagen wollen. Und dieser Gemütszustand – mutig, optimistisch und zuversichtlich – ist genau jener, von dem wir annehmen, dass er für eine boomende Wirtschaft spricht. Erweitert man diese Idee ein wenig, dann kommt generell das Erscheinungsbild der Mode als Hinweis auf die wirtschaftliche Situation eines Landes in Frage: Neigt sie in der Farbgebung zu auffälligen, bunten, ja vielleicht grellen Farben, zu Experimenten und Extravaganzen, so lässt dies auf eine mutige, optimistische Bevölkerung schließen und damit auf eine gute oder zumindest sich erholende Wirtschaft. Wählen die Modeschöpfer eher gedeckte Farben, konservative Schnitte und schlichte Formen, dann könnte man zu der Vermutung gelangen, dass die Bevölkerung sich in einer eher gedämpften Stimmung befindet, vorsichtig ist und dementsprechend sich mit ihrem Konsum zurückhält.

Nun gut, das alles mag für Sie ziemlich weit hergeholt klingen und kein Forschungsinstitut der Welt würde auf diesen Indikatoren seine Modelle, Theorien oder Prognosen aufbauen, aber ich glaube fest daran, dass man mit einem aufmerksamen Gang durch die Innenstadt mehr über den Zustand einer Volkswirtschaft erfahren kann als aus manchem schlauen Konjunkturkommentar aus den Medien. Wenn Sie also das nächste Mal in der Stadt einen Mann sehen, der den Frauenröcken hinterherschaut, verurteilen Sie ihn nicht voreilig – es könnte sich dabei um einen Ökonomen handeln.

Warum wir gute Taten tun

… und wie wir sie tun sollten

Mein Weg durch die Bankenschluchten Frankfurts führt mich oft durch Viertel, die man besser nur bei Tag besucht. Und nahezu unweigerlich kommt auch irgendwann eine Gestalt auf mich zugeschlurft und macht mir klar, dass sie Geld braucht. Mittlerweile bin ich vorbereitet und habe in der Regel immer ein paar Münzen in der Jackentasche, die ich dann spenden kann. Und jetzt kommen Sie natürlich und sagen, dass Sie es ja schon immer gewusst haben: Auch ein Ökonom handelt manchmal unökonomisch. Glauben Sie mir, ich habe lange darüber nachgedacht, warum ich das tue, bei wem man spenden sollte und für welchen Zweck. Und ein paar Ideen haben Ökonomen dazu, auch wenn ich mir darüber im Klaren bin, dass diese Ideen nicht immer auf viel Gegenliebe treffen werden.

Zuerst muss das Phänomen einer freiwilligen Spende den kaltherzigen Ökonom verwirren: Hier gibt ein Mensch freiwillig Geld weg, ohne dafür eine Gegenleistung zu erhalten – ist das nicht zutiefst unökonomisch? Auf den ersten Blick hat das schon den Anschein, aber etwas macht den aufmerksamen Ökonomen stutzen: Wenn die Spende freiwillig geschieht, wie kann es dann wirklich eine Handlung sein, die einen Menschen schlechter zurücklässt? Niemand verschlechtert freiwillig seine Situation, oder? Nun können wir natürlich behaupten, dass Menschen eben auch irrational sind, und damit die Diskussion beenden. Doch das wäre zu einfach. Lassen Sie uns doch einmal überlegen, ob diese Handlung nicht doch auch eine rationale Komponente hat. Dann würde das messerscharf bedeuten, dass ein Mensch, der spendet, seinen Nutzen – sprich sein Wohlbefinden – durch die Spende steigert. Wie kann das aber der Fall sein, wenn er für sein Geld nichts zurückerhält?

Die erste Idee ist, dass der Dank des Beschenkten den Schenker besser stellt: Die Spende gibt dem Schenker das Gefühl, etwas Gutes getan zu haben. Der Dank des Beschenkten streichelt das eigene Ego, der Schenker wird für seine Spende in Form von Anerkennung entlohnt. Und auch wenn der Beschenkte ein undankbarer Mensch ist, das Geld nimmt und einfach verschwindet, so bleibt einem dennoch das Gefühl, vor sich selbst als guter Mensch dazustehen. Zugegebenermaßen keine freundliche Hypothese, aber auch nicht so abwegig, oder?

Idee Nummer zwei, was für einen Nutzen eine Spende für den Spender haben könnte, könnte man unter der Überschrift »emotioneller Ablasshandel« führen. Die Tatsache, dass es Menschen schlechter geht als mir, macht mir ein schlechtes Gewissen, weswegen ich bereit bin, ein Stück meines Glücks zu teilen – auch mit einem Fremden. Beleg für diese These könnte die erhöhte Spendierlaune der Menschen zu Weihnachten hin sein – in einer schönen, harmonischen Zeit regt sich unser schlechtes Gewissen gegenüber denjenigen, denen es nicht so gut geht. Auf diese Nachfrage reagieren auch die Anbieter an emotionalen Ablassscheinen: Zu den Feiertagen hin steigt die Zahl der Bettler in den Fußgängerzonen in der Regel deutlich – ein Hinweis darauf, dass sie die Ökonomie der Spendenfreudigkeit verstanden haben.

Mit der Spende beruhige ich dieser Hypothese zufolge also mein schlechtes Gewissen, dass es mir im Vergleich zu anderen gut geht. Eine im Grunde gefährliche Idee, denn umgekehrt taugt sie möglicherweise auch als falsch verstandene Rechtfertigung dafür, mich an den Mitbürgern zu bereichern, die noch mehr Glück hatten als ich. Die Angst vor dieser Idee mag es auch sein, die Mildtätigkeit in vielen Gesellschaften als feste Sozialnorm etabliert hat: Eine Gesellschaft, in der Reichtum und Armut zu ungleich verteilt sind, dürfte früher oder später an ihren inneren Spannungen zerbrechen. Mildtätigkeit hilft, diese Spannungen zu lindern – auch ein Motiv für Spenden. Interessanterweise zeigen die Zahlen, dass die

Umverteilung innerhalb einer Gesellschaft mit steigendem Wohlstand dieser Gesellschaft steigt. Das könnte ein Indiz dafür sein, dass unsere Spendenbereitschaft mit steigendem Wohlstand zunimmt – wer hat, gibt möglicherweise auch leichteren Herzens.

Solche Konventionen haben noch einen weiteren Sinn: Sind Mildtätigkeit und Spendierfreude ein fester Bestandteil des gesellschaftlichen Denkens, so bedeutet das, dass jeder in den Genuss dieser Mildtätigkeit kommen kann – auch der, der vielleicht noch kurz zuvor selbst zu den Spendern gehörte. Damit mutiert die gesellschaftliche Norm der Mildtätigkeit zu einer kollektiven Versicherung: Wer hat, spendet in dem Wissen, dass er eines Tages vielleicht auch auf die Mildtätigkeit seiner Mitbürger angewiesen sein könnte. Darin könnte ein weiterer Nutzengewinn des Spenders liegen: Seine Spende ist sozusagen die Versicherungsprämie auf schlechte Zeiten; und sollte es ihm eines Tages einmal schlecht ergehen, dann kann er auf die Mildtätigkeit der anderen zählen, die er selbst ja auch vorexerziert hat.

Nun gut, habe ich mich also dazu entschlossen zu spenden – aus welchen Motiven auch immer –, dann bleibt noch die Frage, wie ich das denn am sinnvollsten tun könnte und wem ich denn spenden sollte. Eine Antwort, die ich oft höre, lautet ungefähr folgendermaßen: »Ich gebe Obdachlosen grundsätzlich nichts, die geben das alles nur für Alkohol aus.« Ich glaube, dass diese Antwort problematisch ist. Natürlich sind viele Obdachlose alkoholkrank, und Spenden unterstützen diese Sucht. Doch eigentlich soll die Spende ja dazu dienen, dass es dem Beschenkten besser geht. Und wenn es ihm mit einem Bier besser geht – soll ich es ihm dann verweigern? Eine schwierige Frage, die ich nicht klar beantworten kann. Allerdings sollte man bedenken: Eine Spende, die an eine Bedingung geknüpft ist, verliert an Großzügigkeit und unterstellt dem Beschenkten, dass er nicht in der Lage ist, mit dem Geschenk mündig umzugehen.

Nun kann man sich auf den Standpunkt stellen, dass man mit der Spende nicht die Sucht eines Menschen fördert, doch man kann auch argumentieren, dass meine Spende, auch wenn das Geld unmittelbar in Schnaps umgesetzt wird, trotzdem das Budget des Beschenkten entlastet: Gebe ich ihm fünf Euro, so ist er um fünf Euro reicher, die er zwar unmittelbar zum Kiosk trägt, doch dafür bleiben ihm rein rechnerisch wieder fünf Euro mehr von seinem restlichen Geld, die er dann nicht in Schnaps umsetzen muss. Argumentiert man aber, dass mit diesen fünf Euro nicht Brot, sondern zusätzlicher Schnaps gekauft wird, so bleibt nur noch der Ausweg, Naturalien oder zweckgebundene Gutscheine zu schenken. Doch wenn der Beschenkte besonders großen Durst hat, dann wird er einfach versuchen, diese wiederum in Flüssiggold umzutauschen.

Genauso schwierig ist die Frage, wem man nichts spenden soll. Ich denke, dass viele Menschen bei ihrer Spende auch darauf achten, dass sie nicht verladen werden – niemand möchte in seiner Gutmütigkeit ausgenutzt werden. Eine Bekannte von mir arbeitete eine Zeit lang in einem Geschäft in der Innenstadt, das leider nicht so gut besucht war. Also hatte sie den ganzen Tag Zeit, zu lesen und ihre Umgebung zu beobachten. Dabei machte sie eine interessante Beobachtung: Der Bettler, der sich auf der Straße gegenüber postiert hatte, war wesentlich erfolgreicher als meine Bekannte in ihrem Geschäft. Würden die Leute so freudig an diesen erfolgreichen Menschen spenden, wenn sie um diesen Umstand wüssten? Ich vermute, seine Einnahmensituation würde sich dramatisch verschlechtern.

Viele Menschen versuchen es zu vermeiden, Menschen etwas zu geben, bei denen der Eindruck entsteht, dass hier ein organisiertes Geschäft betrieben wird. In den Fußgängerzonen der großen Städte sind oft Frauen mit Kindern unterwegs, die jeden Passanten um Geld anhauen, und in angemessener Entfernung sieht man dann, wenn man genau hinschaut, den Gatten, der gemächlichen Schrittes folgt und das Ganze überwacht. Sollte man diesen Menschen etwas spenden und sie damit ermuntern, mit diesem Geschäftsmodell fortzufahren? Eine knifflige Frage, genauso wie man das ablehnen kann, kann man sich auf den Standpunkt stellen, dass die arme Familie kein anderes Auskommen hat (es stellt sich dann immer noch die Frage, warum das Familienoberhaupt dann nicht diese Aufgabe übernimmt, obwohl die Antwort darauf auch eine ökonomische ist: Die Spendenfreude dürfte gegenüber Frauen mit Kindern wesentlich höher sein als gegenüber Männern). Doch solange kein Druck zu einer beruflichen Umorientierung besteht, weil immer noch genügend Menschen spenden, wird sich daran auch nichts ändern.

Man sollte also versuchen zu unterscheiden, wer auf eine Spende angewiesen ist und wer Betteln nur als Geschäftsmodell betrachtet. Das Problem ist, dass sich diese Klientel selten auseinander halten lassen. Eine Abhilfe gegen dieses Selektionsproblem wäre es, vor allem solchen Menschen zu helfen, die Postkarten oder ähnliche Dinge vertreiben und damit signalisieren, dass sie auch gewillt sind, für das gespendete Geld etwas zu tun. Es geht bei diesem Geschäft also nicht nur um den Wert der zu verkaufenden Gegenstände, sondern auch um die Absichtserklärung, dass man ja nicht die Gutmütigkeit anderer Leute ausnutzen will. Doch auch dieser Mechanismus läuft Gefahr, von organisierten Trupps ausgenutzt zu werden, die einem dann irgendwelche selbstgefertigten Dinge auf den Tisch der Kneipe legen und an das schlechte Gewissen appellieren. Auch hier wieder die Frage: Handelt es sich nur um eine organisierte Mildtätigkeitsmaschinerie und will man diese unterstützen? Oder sind das seriöse Organisationen wie beispielsweise Behindertenwerkstätten, dann ist das sicherlich ein anderes Thema als beispielsweise bei Drückerkolonnen, die um Verständnis für Ex-Sträflinge werben, um dann ein Zeitschriftenabonnement zu verkaufen – auch diese Klientel hatte ich schon vor meiner Haustür.

Ein anderer Ausweg aus dem Spendendilemma sind karitative Organisationen, die mit prominenten Schirmherren werben. Der Schirmherr verspricht Seriosität – wer möchte sich als Prominenter den Ruf ruinieren lassen, indem man für eine zweifelhafte Organisation Spenden einwirbt? Der Gedanke ist sicherlich richtig, allerdings sollte man sich auch fragen, ob denn der betreffende Prominente wirklich mehr Ahnung von der Spendenorganisation, ihrem Zweck und der tatsächlichen Mittelverwendung hat. Denn auch diesen Mechanismus versuchen findige Betrüger auszunutzen, indem sie oft mit Prominenten werben, die von ihrer Schirmherrschaft gar nichts wissen.

Nach einer längeren Diskussion mit Freunden bin ich zu dem Schluss gekommen, dass auch die Mitgliedschaft in der Kirche vermutlich von vielen Menschen als ein Ausweg aus dem Spendendilemma gesehen wird: Man kennt die Organisation, an welche die eigenen Kirchensteuerzahlungen fließen, muss sich also eigentlich keine Gedanken um eine korrekte Mittelverwendung machen und die Spendenzahlung ist institutionalisiert – sie erfolgt regelmäßig jeden Monat. Die Mitgliedschaft in der Kirche führt dazu, dass ich mich nicht jeden Monat ums Neue darum kümmern muss, wo ich wie viel an wen spende – das spart Zeit und Mühen. Diese Überlegung könnte zumindest einen kleinen Erklärungsbeitrag dazu liefern, warum viele Menschen Mitglied in der Kirche bleiben, obwohl sie offen bekunden, dass sie mit dieser Institution nicht so viele Berührungspunkte haben.

Sie sehen, es ist gar nicht so einfach, ein guter Mensch zu sein, und unsere Spendierhosen wärmen wohl ab und an nicht nur die Beine fremder Menschen, sondern auch unsere eigenen. Dennoch, man kann und sollte auch aus einem gänzlich unökonomischen Motiv spenden: Weil es zum Menschsein dazu gehört.

Warum Günther Jauch auf mich warten muss

… und wie Lotterien funktionieren

»Sie sind ausgewählt«, flötet es mir fröhlich aus dem Telefonhörer entgegen. Und während ich noch völlig baff in die Muschel lausche, klingen aus dem anderen Ende der Leitung solche wohlklingende Worte wie »Millionen«, »Show«, »98 Prozent Treffsicherheit« entgegen, garniert mit dem publikumswirksamen Namen Günther Jauch. Als sich die erste Aufregung gelegt hat, erfasse ich, worum es geht: Die Süddeutsche Klassenlotterie sucht Zuschauer und Kandidaten für die neue Lotterieshow mit Herrn Jauch, und ich bin auserwählt worden, zu diesem Kreis der Erlauchten dazu zu gehören – wie diese Auswahl zustande gekommen ist und woher die SKL überhaupt meine Daten und die Telefonnummer hat, verdränge ich im ersten Freudenschreck.

Rasch wird im Verlaufe des Telefonats klar, dass ich sogar noch mehr Glück habe: Denn die Teilnahme an der Show – ob als Zuschauer oder Kandidat – ist an den Besitz eines Loses der SKL geknüpft. Ich soll also ein Los kaufen. Das klingt aber nur auf den ersten Blick wie Bauernfängerei, wie mir meine Gesprächspartnerin versichert, denn schließlich gebe es ja eine Gewinnchance von 98 Prozent, wie sie erklärt. Jetzt kommen die letzten Reste aus der Statistikvorlesung wieder an die Oberfläche, und ich werde neugierig: Was denn das heiße, 98 Prozent Gewinnchance? »Ganz einfach, mit dem Mindesteinsatz von 62,50 Euro kaufen Sie 5 Lose und gewinnen mit einer Treffsicherheit von 98 Prozent, und zwar mindestens 125 Euro«, flötet es mir aus dem Hörer entgegen. Der Unterschied zwischen Treffsicherheit und Wahrscheinlichkeit erschließt sich mir nicht unmittelbar, doch die Kalkulation klingt gut: Mit 98 Prozent Wahrscheinlichkeit gewinne ich 125 Euro, zahle dafür aber nur 62,50 Euro.

Mit Hilfe der Statistik lässt sich leicht ausrechnen, was das Los dann wert ist. Dazu berechnet man den so genannten Erwartungswert. Das ist der Wert des Loses unter Berücksichtigung der Gewinnwahrscheinlichkeiten. Ein Beispiel: Liegt die Gewinnwahrscheinlichkeit des 125-Euro-Loses bei 100 Prozent, so ist das Los 125 Euro wert.

Bei einer Gewinnwahrscheinlichkeit von null ist das Los nichts wert. Bei einer Gewinnwahrscheinlichkeit von 50 Prozent und einem Gewinn von 125 Euro ist ein Gewinnlos exakt 62,50 Euro wert. Warum? Jedes Los hat sozusagen zwei Gesichter: Es kann zu 50 Prozent ein Gewinnerlos sein – dann ist es 125 Euro wert, oder aber zu 50 Prozent ist es eine Niete – dann ist es nichts wert. Würde ich bei einer Gewinnwahrscheinlichkeit von 50 Prozent zwei Lose kaufen, dann würde ich vermutlich mit einem Los gewinnen, ein Los wäre eine Niete. Der erwartete Gesamtgewinn wäre damit 125 Euro (125 Euro vom Gewinnerlos, 0 Euro von der Niete), also 62,50 Euro pro Los. Und da ich nicht weiß, welches der beiden Lose das Gewinnerlos ist, ist jedes Los vor der Ziehung eben 62,50 Euro wert. Erst wenn ich das Los öffne, weiß ich, welches der beiden Gesichter der Lotterie mich anlächelt. Um also den erwarteten Wert eines Loses zu berechnen, muss ich einfach die Höhe des Gewinns mit der Gewinnwahrscheinlichkeit multiplizieren – 125 Euro mal 50 Prozent macht 62,50 Euro plus 0 Euro mal 50 Prozent. Bei einer Gewinnwahrscheinlichkeit von 50 Prozent ist ein Los statistisch gesehen also 62,50 Euro wert, nämlich genau die Hälfte des erwarteten Gewinns. Zu 50 Prozent gewinnt man 125 Euro, zu 50 Prozent geht man leer aus, und das gilt für jedes Los. Die fehlenden 62,50 Euro repräsentieren sozusagen die potenzielle Niete.* Finden Sie,

---

* Meine Gesprächspartnerin bietet zwar fünf Lose an, doch die kann man in dem Beispiel getrost wie ein Los behandeln, denn die Gewinnwahrscheinlichkeit bezieht sich ja auf alle fünf Lose zusammen – ich kaufe sozusagen eine komplette Loscharge.

dass das ein gutes Geschäft ist? Das kommt nun auf den Preis des Loses an: Liegt er über 62,50 Euro, dann ist das für den Verkäufer der Lose gut: Er verkauft zwei Lose für mehr als 62,50 Euro je Stück, nimmt damit mehr als 125 Euro ein, schüttet aber nur 125 Euro auf das eine der beiden Gewinnerlose aus. Die Differenz zwischen den Loseinnahmen und dem ausgeschütteten Gewinn ist sein eigener Gewinn. Und das Schöne daran: Er weiß sogar, dass er diesen Gewinn macht, denn schließlich legt er die Gewinnwahrscheinlichkeit fest, indem er die Anzahl der Nieten festlegt.

Mit diesen Überlegungen kommt mir das Angebot von Günther Jauch etwas merkwürdig vor: Wenn die Gewinnwahrscheinlichkeit meines Loses bei 98 Prozent liegt und der Gewinn mindestens 125 Euro beträgt, dann ist das Los statistisch gesehen satte 122,50 Euro wert – nämlich 125 Euro, die ich mit einer Wahrscheinlichkeit von 98 Prozent erhalte, also 125 mal 98 Prozent. Würde ich 100 Lose kaufen, dann würde ich statistisch gesehen 98 mal 125 Euro gewinnen und nur zweimal leer ausgehen, das macht insgesamt 12.250 Euro Gewinn. Kosten würden mich die 100 Lose aber nur 6.250 Euro, nämlich 100 Lose mal 62,50 Euro. Auf ein Los gerechnet heißt das: Für 62,50 Euro kaufe ich ein Los, dessen mathematischer Erwartungswert bei mehr als 120 Euro liegt – eben jene 125 Euro mal der Gewinnwahrscheinlichkeit 98 Prozent.

Dieses so gut klingende Geschäft erweckt mein Misstrauen: Ein todsicheres Geschäft? Kein Statistiker würde an so einer Chance vorbeigehen, und kein Anbieter von Losen würde ein so ungünstiges Geschäft vorschlagen – der Anbieter der Lotterie wird immer darauf achten, dass der statistische Erwartungswert eines Loses nicht über dem Lospreis liegt, sonst verliert er nämlich. Wenn Günther Jauch 100 Lose verkauft und dafür insgesamt nur 6.250 Euro kassiert, dann wird er den Teufel tun und insgesamt 12.250 Euro ausschütten, es sei denn, er hat Spaß daran, den Menschen Geld zu schenken.

Geht man davon aus, dass 125 Euro der einzige Gewinnbetrag der Lotterie ist, so kann man sogar die Gewinnwahrscheinlichkeit ausrechnen, die diese Lotterie höchstens haben darf, damit Herr Jauch nicht drauflegt: Bei 100 verkauften Losen betragen die Erlöse 6.250 Euro, also können maximal 6.250 Euro ausgeschüttet werden. Bei einer Gewinnsumme je Los von 125 Euro macht das 50 Lose, die gewinnen können – nämlich 125 Euro mal 50, dann sind die 6.250 Euro weg. Mit anderen Worten: Die Gewinnwahrscheinlichkeit der Lotterie darf höchstens 50 Prozent – 50 der von insgesamt 100 im Spiel befindlichen Lose – betragen, damit Herr Jauch keinen Verlust macht. Und da er eher noch einen Gewinn machen will, wird die Gewinnwahrscheinlichkeit unter 50 Prozent liegen – nur dann nämlich kann der Veranstalter der Lotterie überhaupt einen Gewinn machen, dann nämlich schüttet er weniger aus als er einnimmt. Oder um es platter zu sagen: Jeder Lotterieverkäufer wird darauf achten, dass mehr Nieten als Gewinnlose in der Lostrommel sind.

Haben sich die Losverkäufer um Günther Jauch also verrechnet? Nein, dann doch nicht, wie bohrendes Nachfragen bei meiner Telefongesprächspartnerin erbringt, denn die 62,50 Euro sind monatlich zu erbringen und die 98-prozentige Gewinngarantie gilt nur für den Zeitraum vom 1. Dezember bis zum 31. Mai des kommenden Jahres. Das macht dann eine Zahlung von 375 Euro (sechs Monate mal 62,50 Euro), die sich gegen den sicheren Erwartungswert von 122 Euro schon deutlich teurer ausnehmen – das gute Geschäft droht zu scheitern. Doch nein, denn auf dieses doch nicht so günstige Verhältnis hingewiesen, eroffnet die Anruferin mir, dass die 125 Euro ja nur der Mindestgewinn seien: »Sie könnten zu 98 Prozent ja auch eine Million Euro gewinnen«, lockt sie. Jetzt schießt statistisches Adrenalin in meine Adern: Eine Million? Mit 98 Prozent Wahrscheinlichkeit? Das macht den satten Erwartungswert von 980.000 Euro pro Los – für 375 Euro!

Die Überlegung ist klar: Bisher haben wir nur über einen Gewinnbetrag von 125 Euro geredet, doch der Höchstgewinn kann natürlich höher liegen – bis zu einer Million. Um jetzt den korrekten Erwartungswert des Loses auszurechnen, muss man Folgendes machen: Man muss jeden potenziellen Gewinn mit seiner Gewinnwahrscheinlichkeit multiplizieren und die Summe dieser gewichteten Gewinne addieren. Ein Beispiel: Nehmen wir an, in der Lostrommel sind 100 Lose, zehn davon versprechen mir einen Gewinn von fünf Euro, zehn einen Gewinn von 125 Euro, doch ein Los ist eine satte Million wert. Der Erwartungswert dieser Lotterie – und damit jedes einzelnen Loses – beträgt dann 10 mal 5 plus 10 mal 125 plus einmal eine Million – das macht dann 1.125.050 Euro. Oder anders berechnet: Kaufe ich alle 100 Lose, so gewinne ich mit Sicherheit diese 1,125 Millionen Euro (die restlichen 50 Euro sind Trinkgeld für den netten Schalterbeamten bei der Bank). Ein statistisch fairer Preis pro Los wäre dann 11.250 Euro und 5 Cents, nämlich die 1,125 Millionen geteilt durch die 100 Lose. Sobald das Los billiger wird, macht unser Losverkäufer einen Verlust.

Nach den Überlegungen zur Kalkulation des Lotterieanbieters muss Ihnen klar sein, dass das Angebot meiner Gesprächspartnerin nicht stimmen kann: Gewinne ich zu 98 Prozent eine Million, dann bedeutet das, dass ich beim Kauf von 100 Losen nur zwei Nieten ziehe, also 98 Millionen gewinne! Und das bei einem Lospreis von insgesamt 375 Euro – macht 375.000 Euro für die 100 Lose! Kennen Sie jemanden, der dieses Geschäft nicht machen würde? Ich leider nicht.

All diese Überlegungen versuche ich meiner Telefonpartnerin klar zu machen, doch irgendwie will es mir nicht so recht gelingen. Was sich jetzt entspinnt, ist eine zähe Diskussion über Statistik, Wahrscheinlichkeiten, Treffsicherheiten und Worte wie »könnte«, »Möglichkeiten« und »Günther Jauch«. Dann mache ich der Anruferin ein Angebot: »Geben Sie mir schriftlich, dass ich mit 98 Prozent Wahrscheinlichkeit eine Million gewinnen kann, dann kaufe ich Ihnen gleich 5.000 Lose ab.« Die Hartnäckigkeit, mit welcher ich dieses Angebot vortrage, macht die Anruferin dann doch vorsichtig: »Ich weiß doch auch nicht, welche Lose wann gezogen werden«, gesteht sie ein, nachdem sie zuvor noch festen Glaubens mit der Zahl 98 und dem Wörtchen »Treffsicherheit« hausieren gegangen ist. Schließlich einigen wir uns darauf, dass man – falls es überhaupt möglich sei – mir als potenziellem Jauch-Kandidaten einmal die Unterlagen zukommen lässt, aus denen ich mir dann meine eigenen Gewinnmöglichkeiten ausrechnen kann. Die Unterlagen haben mich nie erreicht, und es hat mich auch nie wieder jemand angerufen. Günther Jauch wird sich noch ein Weilchen gedulden müssen.

Warum man gegen den eigenen Verein wetten sollte

… und wie Versicherungen funktionieren

Der 25. Mai 2003 war der wohl schwärzeste Tag in der Geschichte Rheinhessens – und kein Rheinhesse wird ihn wohl je vergessen, vor allem nicht solche, die in Mainz leben. Es war der Tag, an dem der FSV Mainz 05 nach langem, hartem Kampf endlich in die erste Bundesliga aufstieg – allerdings nur bis zur 93. Spielminute. In dieser Minute fiel nämlich in Frankfurt noch ein Tor, das dazu führte, dass statt der Mainzer die Frankfurter aufstiegen. Eine Region trug Trauer. Einige meiner Freunde mussten sogar den doppelten Trauerflor anlegen: Sie hatten nämlich darauf gewettet, dass es die Mainzer dieses Jahr schaffen würden aufzusteigen. Gewettet wurde in der gängigen Währung: Bier, Schoppen in Massen spenden oder trinken oder irgendwelche schmerzhaften Verrücktheiten wie Glatze rasieren oder acht Stunden lang »Dr. Anne Quinn – Ärztin aus Leidenschaft« gucken. Ich wollte meinen Freunden weder diese Verrücktheiten noch die Wetten an sich ausreden, obwohl es eigentlich sehr dumm ist, als Fußballfan auf den eigenen Verein zu setzen. Nicht, dass ich kein Vertrauen in die Mainzer hätte, aber ich bin ein eher risikoscheuer Mensch – und deswegen wäre es richtig gewesen, wenn meine Freunde darauf gesetzt hätten, dass die Mainzer nicht aufsteigen. Und der Grund dafür ist – wie könnte es anders sein – ein ökonomischer.

Lassen Sie uns einmal überlegen: Wie stellen Sie sich Ihr Leben vor? Ein wildes Auf und Ab, ein Hin und Her der Emotionen, himmelhoch und todbetrübt – oder eher ein wenig mehr Stetigkeit? Die meisten Menschen, die ich kenne, bevorzugen ein etwas verstetigtes Leben ohne zu wilde Ausschläge, und diejenigen, die für die Variante »wild und stürmisch« optieren, meinen damit eigentlich nur die Hochs, von den Tiefs will keiner etwas wissen. Möchte ich es also ein wenig stetiger haben, dann trachte ich danach, die Enttäuschungen zu dämpfen (gut, die Höhen möchte ich nicht dämpfen, aber wie wir sehen werden, bedingt das eine immer das andere). Wie hätte das im Falle des FSV Mainz 05, der wohl besten Mannschaft Deutschlands, ausgesehen? Ganz einfach: Ich weiß, dass ich eine Riesenenttäuschung durchleben werde, wenn die Mainzer nicht aufsteigen. Jetzt die Frage: Was könnte mich denn für diese Enttäuschung entschädigen? Nehmen wir einmal an, eine finanzielle Zuwendung oder zehn Kästen Bier wären ein halbwegs angemessener Trost für die himmelschreiende Ungerechtigkeit eines Nicht-Aufstiegs. Ich muss also einen Mechanismus finden, der greift, sobald die Mainzer verlieren, und mir diese Entschädigung zukommen lässt. Und das ist natürlich eine Wette gegen die Mainzer.

Das Ganze funktioniert dann so: Ich schließe eine Wette darauf ab, dass die Mainzer verlieren; als Wetteinsatz kommt dann der betreffende Geldbetrag oder die betreffende Literzahl Alkoholika zum Einsatz. Nun passiert Folgendes: Verlieren die Mainzer, so habe ich zwar einen beträchtlichen emotionalen Verlust. Dieser wird aber dadurch kompensiert, dass ich ja den Wetteinsatz gewinne – das Geld oder der Alkohol helfen mir dann ein wenig, über den Schmerz hinwegzukommen. Gewinnt allerdings Mainz, dann muss ich zahlen – dafür habe ich aber das emotionale Hochgefühl, dass Fußball endlich dahin gekommen ist, wo er auch hingehört. Wie Sie sehen, wirkt diese Wette in zwei Richtungen: Verliere ich, mildert sie meinen Verlustschmerz, gewinne ich, dämpft sie ein wenig das Hochgefühl. Letzteres ist der Preis dafür, dass ich im Verlustfalle entschädigt werde. Und im Endergebnis habe ich genau das erreicht, wovon wir gesprochen haben: Ich habe die Hochs und Tiefs in meinem Leben etwas gedämpft und dadurch die emotionale Stabilität in meinem Leben erhöht.

Wenn Sie diesen Mechanismus begriffen haben, dann wissen Sie jetzt auch, wie eine Versicherung funktioniert, denn nichts anderes war unsere Wette gegen den FSV Mainz 05: Eine Versicherung gegen das Risiko, dass die Mainzer verlieren. Tritt der Risikofall ein, so zahlt die Versicherung – ich bekomme den Wetteinsatz und werde entschädigt. Gewinnen die Mainzer und ich muss den Wetteinsatz zahlen, dann ist dieser Wetteinsatz die Versicherungsprämie, die ich entrichte. Genau das ist das Prinzip einer Versicherung: Ich zahle eine Versicherungsprämie und reduziere dadurch meine Verluste für den Fall, dass ein Schaden eintritt. Die Zahlung der Versicherungsprämie dämpft allerdings mein Wohlbefinden, wenn der Schadensfall nicht eintritt, aber das ist eben der Preis dafür, dass ich im Schadensfall entschädigt werde.

Der einzige Unterschied zur Fußballwette besteht auf den ersten Blick darin, dass die Versicherung regelmäßige Beiträge verlangt, anstatt nur wie im Falle der Wette Geld zu verlangen, wenn das Unglück nicht eingetreten ist. Das kann man sich auch so vorstellen, dass ich jeden Monat eine neue Wette mit meiner Versicherung abschließe: Ich wette, dass ich beispielsweise innerhalb dieses Monats etwas kaputtmache, anderer Leute Wagen beschädige, krank werde oder einen Rechtsstreit anfange, und die Versicherung setzt dagegen. Nach einem Monat stellen wir fest, dass der von mir befürchtete Risikofall nicht eingetreten ist – und ich zahle die Prämie als Wetteinsatz. Oder der Schaden tritt ein – dann zahlt die Versicherung den Schaden, das ist ihr Wetteinsatz. Und im Resultat habe ich die Ausschläge in meinem Leben gedämpft: Wenn ich krank werde, habe ich nicht noch zum Unwohlbefinden die Kosten der Behandlung – das reduziert sozusagen den Ausschlag des Lebenspendels nach unten. Bleibe ich gesund, so verliere ich meinen Wetteinsatz, sprich die Prämie – das reduziert dann ein wenig den Ausschlag meines Lebenspendels nach oben. Unter dem Strich habe ich mit der Versicherung die Aufs und Abs meines Lebens ein wenig geglättet.

Wenn man diesen Mechanismus verinnerlicht hat, dann wundert man sich eher, dass es so wenig Versicherungen gibt.

Sicher, die großen Risiken wie Gesundheit, Arbeitslosigkeit, Personenschäden, Rechtsstreitigkeiten und so weiter werden teils recht und schlecht abgesichert, doch das Spektrum der Möglichkeiten ist eigentlich noch gar nicht richtig ausgeschöpft. Eines der größten Einkommensrisiken beispielsweise ist eine Scheidung, und zwar für alle Beteiligten. Alleine der neuerliche Aufbau zweier getrennter Haushalte schlägt mehr zu Buche, als sich das viele Menschen vorstellen. Warum also nicht im Falle der Hochzeit eine Scheidungsversicherung abschließen, die mir einen Teil dieser Risiken abnimmt? Sicher, das klingt unromantisch, aber ein Ehevertrag ist auch nicht unbedingt das, was man sich zur Hochzeit wünscht – vernünftig ist er dennoch.

Viele weitere Einkommensrisiken sind derzeit nicht versicherbar, obwohl es sinnvoll wäre. Der amerikanische Ökonom Robert Shiller hat einige dieser Versicherungen vorgeschlagen. An erster Stelle nennt er eine Versicherung gegen den Verfall von Immobilienpreisen, und ich halte diese Idee für sehr klug: Wer ein Eigenheim besitzt, weiß oft gar nicht, dass der Wert eines sehr großen Bestandteils seines Vermögens alleine davon abhängt, wie sich die Häuserpreise in der Nachbarschaft entwickeln. Wird beispielsweise in der Nachbarschaft eine achtspurige Autobahn gebaut, dann sinkt der Wert Ihres Häuschens und damit eines Großteils Ihres Vermögens dramatisch. Vielleicht möchten Sie auch selbst wegziehen – doch Sie bekommen für Ihr Eigentum kaum noch Geld. Und hier könnte dann eine Häuserpreisversicherung einspringen.

Eine andere Versicherung, die Shiller vorschlägt, ist eine Einkommensversicherung: Was machen Sie, wenn Sie einen Beruf erlernt haben, dessen Verdienstmöglichkeiten auf einmal massiv sinken? Ihre Entscheidung, diesen Beruf zu ergreifen, weil man dort viel verdienen kann, stellt sich nun rückblickend als falsch heraus, doch nun ist es zu spät, einen neuen Beruf zu erlernen. Und auf einmal merkt man, welches hohe Risiko man bei der Berufswahl eingegangen ist: Man hat eine teure Ausbildung absolviert, sich geirrt und dann zumeist nur geringe Möglichkeiten, diesen Irrtum wieder zu revidieren. Was jetzt Not täte, wäre eine Versicherung, welche die dramatischen Konsequenzen einer solchen Fehlentscheidung lindert. Das ginge beispielsweise, indem man die Zahlungen der Versicherung von einem Einkommensindex des jeweiligen Berufes abhängig macht – sinkt dieser Index unter bestimmte Einkommensschwellen, dann zahlt die Versicherung einen Ausgleich.

Eine andere Idee Shillers sind so genannte Makro-Hedges, eine Wette darauf, dass das Sozialprodukt des eigenen Landes fällt. Dahinter steht folgendes Kalkül: Sinkt das Sozialprodukt eines Landes, dann liegt das daran, dass die wirtschaftliche Aktivität dort sinkt – das Land gerät in eine Rezession. Und in einer Rezession sinken die Einkommen und der Lebensstandard der meisten Menschen. Und hier greift dann die Makro-Versicherung, die genau in diesem Fall demjenigen, der eine solche Versicherung abschließt, dann Ausgleichszahlungen zukommen lässt, wenn das Sozialprodukt sinkt, also eine Rezession eintritt.

Natürlich sind diese Vorschläge im Detail noch mit vielen Problemen behaftet: Wie berechnet man die Ausgleichszahlungen? Wie beugt man betrügerischen Absichten der Versicherungsnehmer vor? Und wie beugt man vor, dass die Versicherungsnehmer nach Abschluss des Versicherungsvertrags auf einmal leichtsinnig werden, frei nach dem Motto: Ich bin ja versichert? Wer aber diese Ideen einmal näher betrachtet hat, gewinnt auf einmal ganz neue Einsichten in die Fülle und Ausmaße von Risiken, die einem drohen könnten, und das ist der erste Schritt, etwas dagegen zu tun. Wenn Sie also in Zukunft ins Stadion gehen, sollten Sie kein schlechtes Gewissen haben, wenn Sie gegen den eigenen Verein gewettet haben. Im Gegenteil: Vielleicht können Sie das Spiel sogar noch mehr genießen.

Warum nichts kostenlos ist

… aber manches umsonst

Oftmals gibt es Mechanismen und Sachverhalte, die sich auch dem ausgebildeten Ökonomen nicht auf den ersten Blick erschließen, weil sie zu unübersichtlich und vielschichtig sind und weil zumeist mehrere Sachebenen durcheinander auf einem Haufen liegen. In solchen Fällen wende ich gerne einen einfachen gedanklichen Kniff an: Ich nehme den betreffenden Sachverhalt und überlege mir, was passiert, wenn man ihn extrem zuspitzt und übertreibt. Wenn also jemand bezweifelt, dass Steuern Fehlanreize bewirken können, dann bitte ich ihn, sich vorzustellen, was passieren würde, wenn die Steuersätze 100 Prozent betragen würden. So etwas hilft in der Regel, sich die grundlegenden Zusammenhänge zwischen Steuern und Anreizen klar zu machen. (Wem das noch nicht einleuchtet, dem erzähle ich gerne die Geschichte von der französischen Fenstersteuer und ihrem Resultat, das Sie sich sicherlich selbst vorstellen können.)

Genauso hilfreich ist es beispielsweise, sich zu überlegen, was denn passiert, wenn der Staat auf einmal das Gegenteil tut – nämlich großzügige Geschenke an seine Bürger auszuteilen.

Stellen wir uns einmal Folgendes vor: Der Staat entscheidet sich in seiner unendlichen Güte und berauscht von einem satten Budgetüberschuss, seinen Bürgern etwas Gutes zu tun. Und so beschließt er, Autos zu verschenken.* Ein großes

---

* Ähnliche Experimente gab es sogar einmal vor langer Zeit in der ehemaligen Sowjetunion: Überall in Moskau stellte man Autos ab, die sich jeder Bürger nehmen durfte, der ein Transportmittel benötigte und die er nach der Benutzung einfach wieder auf der Straße abstellen sollte. Über das Resultat dieses frühsozialistischen Experiments decken wir lieber den Mantel des Schweigens und der Nächstenliebe.

Hurra geht durch die Reihen und jeder Bürger freut sich schon auf sein neues Fortbewegungsmittel. Nun geht das alles aber nicht ohne ein paar Regeln: Als erstes verfügt der Staat, dass nur diejenigen ein Auto geschenkt bekommen, die auch einen Führerschein machen. Hier gäbe es sicherlich schon den ersten Aufschrei im Volk: Was ist mit denen, die keinen Führerschein haben – weil sie keine Autos mögen, vielleicht blind sind oder aus sonstigen Gründen nicht fahren können? All diese Menschen würden vor dem Kanzleramt auflaufen und lautstark Kompensation fordern – wenn man den Führerscheinbesitzern ein Auto schenke, dann möge man doch bitte auch sie in irgendeiner Weise bedenken und beschenken.

Und bald hätte die Regierung ein zweites Problem: Weil die Autos nichts kosten, machen immer mehr Menschen einen Führerschein und holen sich ihr Auto ab – die Nachfrage nach dem kostenlosen Fortbewegungsmittel explodiert. Und sicher wären auch viele dabei, die sich ein Auto holen, obwohl sie lausige Fahrer sind und das auch wissen, und viele werden mit dem kostenlosen Fortbewegungsmittel recht nachlässig umgehen – schon bald sind die Straßengräben übersät mit Autowracks. Und dann käme das nächste Problem: Wegen dieser regen Nachfrage nach den kostenlosen Autos ginge dem Staat allmählich das Geld aus. Die Folge: Die kostenlosen Autos werden immer billiger und schlechter, weil der Staat versucht zu sparen. Damit kommt dann die nächste Demonstrationswelle: Die Beschenkten ziehen vors Kanzleramt und fordern, weiterhin kostenlose Luxuslimousinen gestellt zu bekommen – man könne es ihnen nicht zumuten, jetzt das Schiebedach oder das Autoradio selbst zu bezahlen.

Ihnen kommt dieses Gedankenspiel absurd vor? Ist es aber nicht. Jedes Jahr verschenkt der Staat an einen ausgewählten Bevölkerungskreis Werte, von denen Sie sich locker einen Wagen der gehobenen Luxusklasse leisten könnten, und jetzt protestieren die Beschenkten, dass man sie nicht mehr beschenken will. Und das Allerseltsamste: Niemand kommt auf die Idee, das für absurd zu halten, nicht einmal diejenigen protestieren, die diese Geschenke mit ihren Steuern bezahlen und vom Staat gar nichts geschenkt bekommen. So unsinnig das obige Autobeispiel auch erscheint – genau das passiert derzeit in der staatlichen Bildungspolitik.

Um sich diese Analogie zu erschließen, muss man sich zuerst einmal vor Augen halten, was ein Studium ist: Ein Studium ist eine Ausbildung, die mich nach dem Abschluss in die Lage versetzt, ein höheres Einkommen zu erzielen. Und je teurer und spezieller meine Ausbildung ist, umso größer sind meine Verdienstchancen nach Beendigung der Ausbildung. Um es auf den Punkt zu bringen: Eine Ausbildung ist bares Geld wert, und der Nutzen dieser Ausbildung fällt alleine demjenigen zu, der diese Ausbildung genossen hat – er kann später auf ein Gehalt hoffen, das größer ist, als es das ohne diese Ausbildung wäre. Insofern stimmt die Analogie zwischen Ausbildung und Auto: Beides sind Wertgegenstände, die den Nutzen oder das Einkommen des Besitzers erhöhen.*
Der Einwand, dass ein Auto nicht dabei helfe, ein Einkommen zu erzielen, greift da zu kurz: Erstens könnten die Autobeschenkten beispielsweise ein Taxiunternehmen aufmachen, zweitens geht es hier schlichtweg darum, dass das Geschenk – das Auto oder die kostenlose Ausbildung – den Nutzen des Beschenkten erhöht. Ob in Form eines erhöhten Einkommens oder einer erhöhten Mobilität, spielt keine Rolle.

Der zweite, wichtige Punkt dieser Analogie ist die Tatsache, dass Studienplätze kostenlos an Studenten abgegeben werden – wie die Autos in meinen Beispielen. Schätzungen gehen davon aus, dass je nach Studiengang ein Studium den Staat zwischen 40.000 und 100.000 Euro kostet. Das ist exakt

---

* Lassen Sie sich nicht dadurch täuschen, dass eine Ausbildung kein dinglicher Gegenstand ist. Für die hier entscheidende ökonomische Eigenschaft – nämlich die Steigerung des Nutzens oder des Einkommens – spielt das keine Rolle.

das Geschenk des Staates an seine Studenten. Und ein sichtbarer Beleg, dass hier etwas Wertvolles verschenkt wird, sind die überfüllten Hörsäle an den Unis, der Professorenmangel und die unzureichende Ausstattung der deutschen Universitäten. Das ist wie bei den Autos: Zu viele Studenten wollen das kostenlose Studium, weil sie um dessen Wert für sich persönlich wissen, stürmen die Universitäten und zwingen den Staat wegen der knappen Mittel, statt der Luxusversion das Sparmodell mit der schlechten, billigeren Ausstattung anzubieten. Das ist nun einmal genau das, was passiert, wenn man etwas Wertvolles verschenkt: Jeder greift gerne zu und bedient sich im Übermaß.

Nun haben wir im Autobeispiel gesehen, dass viele Menschen auch dann einen kostenlosen Wagen nehmen, wenn sie nichts damit anfangen können – und irgendwann liegen dann viele Autos im Graben. Das ist auch so bei den Studienplätzen, nur dass hier nicht Autos, sondern Studenten auf der Strecke bleiben. Das kostenlose, wertvolle Studium lockt auch viele Zeitgenossen an, die entweder für ein Studium nicht geeignet sind, die wegen der Überfüllung der Universitäten das Handtuch schmeißen, die eigentlich nie ein so großes Interesse an einer akademischen Laufbahn hatten oder aber schlichtweg nur aus Spaß und Gedankenlosigkeit ein Studium beginnen. Sie alle werden durch das kostenlose Angebot des Staates in eine persönliche Sackgasse gelockt. Zeit- und Geldverschwendung auf beiden Seiten ist das Resultat.

Auch ein anderes Detail in meiner Autogeschichte trifft hier voll zu: Im Autobeispiel bekamen nur diejenigen ein Auto geschenkt, die auch einen Führerschein haben; die Blinden, die passionierten Fußgänger oder Autohasser gehen leer aus. Das ist auch so in Sachen Studium: Nur wer ein Abitur hat, bekommt einen 50.000-Euro-Studienplatz geschenkt – der Opel-Arbeiter in Rüsselsheim guckt nicht nur in die Röhre, nein, er zahlt mit seinen Steuern sogar noch das Studienvergnügen der Abiturienten. Und wer einfach nicht studieren mag, hat auch Pech gehabt: Er zahlt für die Universitäten, profitiert aber nicht von einem Studium.

Das ist der Punkt, an dem die Verfechter eines kostenlosen Studienganges immer die Gerechtigkeit und die soziale Komponente dieses Geschenkes rühmen. Also lassen Sie uns kurz einen Gedanken darauf verwenden. Beginnen wir mit dem Begriff »Gerechtigkeit«: Was immer man darunter verstehen mag, eines, denke ich, jedenfalls bestimmt nicht: Dass eine bestimmte Bevölkerungsgruppe auf Kosten der anderen Bevölkerungsteile beschenkt wird, ohne dass man dahinter eine logische, konsistente Begründung findet. Oder können Sie erklären, warum beispielsweise der Physiotherapeut seine sündhaft teure Ausbildung selbst bezahlen muss, der Theologe hingegen nicht? Warum muss mein Opel-Arbeiter in Rüsselsheim, will er eine Weiterbildung machen, dafür teures Geld bezahlen, während der Abiturient das teure Studium geschenkt bekommt? Eine »gerechte« Begründung dafür finden Sie nicht, aber als Ökonom kann man erklären, warum ein Abitur oder auch ein Numerus Clausus in diesem System nötig wird: Ohne Zugangsbeschränkungen – sprich einen Führerschein – stürzen sich alle auf das kostenlose Gut (das Auto oder das Studium) und der Staat kann das Geschenk nicht mehr finanzieren. Also baut man Hürden ein, die verhindern, dass jeder das kostenlose Geschenk bekommen kann.

Der einzig korrekte Weg, Bildung »gerecht« zu verschenken, bestände darin, jedem Bürger unabhängig von seinem Abschluss oder seinen persönlichen Fähigkeiten das Recht auf eine bestimmte Menge an kostenloser Ausbildung einzuräumen. Wollte man den Opel-Arbeiter und alle Nicht-Studierten des Landes mit der akademischen Elite gleichstellen, so müsste man ihnen allen einen Ausbildungsweg anbieten, der genauso viel kostet wie ein Studium – fragt sich nur, wer das bezahlen kann.

Und weil es eben nicht bezahlbar wäre, braucht man diese Zugangsbeschränkungen, die nicht frei von Willkür festlegen, wer der Beschenkte ist und wer zahlen muss. Genauso wie in meinem Autobeispiel die Blinden oder die Automuffel die Gelackmeierten sind, sind es hier alle Menschen, denen entweder die Fähigkeit zum Studieren oder aber das Interesse an einem Studium fehlt. Was ist daran denn gerecht?

Zumindest sozial, so lautet stets das Gegenargument der Verfechter eines kostenlosen Studiums, ist es aber deswegen, weil es auch Kindern aus sozial ärmeren Schichten die Möglichkeit eröffnet zu studieren. Das Argument wirkt auf den ersten Blick überzeugend, hat aber Mängel: Erstens werden – natürlich so rein zufällig – neben den Arbeiterkindern auch die Söhne und Töchter wohlhabender Familien gefördert, auch sie kriegen ihren Studienplatz geschenkt. Wie sozial ist es, wenn der Opel-Arbeiter mit seinen Steuern nicht nur das Studium seines Sohnes, sondern auch das Studium der Arzt-, Rechtsanwalts- oder Managertochter bezahlt? Wollte der Staat Kinder armer Familien zum Studium ermuntern, so ginge das wesentlich effektiver über direkte Zuwendungen an die betreffenden Kinder, statt indirekt alle Kinder wohlhabender Eltern mitzufördern, die an den deutschen Universitäten das Gros ausmachen. Schätzungen zufolge tummeln sich an deutschen Universitäten nur knapp 20 Prozent Arbeiterkinder – nicht wegen, sondern trotz des kostenlosen Studiums. Wollte der Staat in meinem Autobeispiel die Autos verschenken, um einem bestimmten Personenkreis zu mehr Mobilität zu verhelfen, dann würde er doch die Autos gezielt an diese Menschen verschenken, aber nicht an jeden, der ein Auto will, und erst recht nicht denjenigen, die sich schon zwei Autos leisten können, oder?

Eine weitere Idee der Verfechter kostenloser Studiengänge besteht darin, dass die Studenten ja, wenn sie ihre Ausbildung hinter sich gebracht haben, etwas zum Wirtschaftswachstum beitragen – das müsse man doch honorieren. So ganz leuchtet mir diese Idee nicht ein: Zum einen trägt jeder Mensch, der eine Ausbildung macht, der arbeitet oder ein Geschäft gründet, zum Wachsen und Gedeihen der Wirtschaft bei, unabhängig davon, ob er studiert hat oder nicht – er wird ja auch schließlich entlohnt, ebenso wie unsere Studenten nach ihrer Ausbildung. Warum man nur Menschen mit teurer Ausbildung und damit potenziell höheren Einkommen dafür noch einmal extra belohnen soll, ist mir unklar. Damit würde dieses Argument für jedes staatliche Geschenk an seine Bürger gelten: Wer immer auch vom Staat Geld oder geldwerte Vorteile geschenkt bekommt, wird dadurch in die Lage versetzt, einen Beitrag zum Wirtschaftswachstum zu leisten.

Nun bleibt noch das Argument, dass die meisten Studenten ein Studium nicht bezahlen könnten, wenn es nicht kostenfrei wäre. Dieses Argument beruht auf einer Verwechslung der Begriffe »Bezahlung« und »Finanzierung«. Bezahlen könnten die meisten Studenten ihr Studium schon – nämlich dann, wenn es sich amortisiert, wenn sie also auf Grund des Studiums einen besser bezahlten Arbeitsplatz ergattert haben. Finanzieren können sie ihr Studium zum Zeitpunkt der Studienaufnahme in der Tat nicht. Aber sie können das machen, was jeder Unternehmer macht, wenn er in etwas investiert: Sie könnten einen Kredit aufnehmen.

Das klingt auf den ersten Blick ungewohnt, aber denken wir doch einmal nach: Wollte in meinem Autobeispiel jemand ein Taxiunternehmen aufmachen, so würde er ein Auto auf Kredit kaufen und den Kredit mit Hilfe der Einnahmen aus dem Taxigeschäft wieder abbezahlen. Und ein Studium ist nichts anderes als eine Investition. Und von den anschließenden höheren Einnahmen kann man dann den Kredit zurückzahlen. An dieser Stelle kommt dann immer der Einwand, dass man ja mit dem Studium scheitern könne und vielleicht gar keinen besser bezahlten Job ergattern könne – was dann? Ein Unternehmer meldet dann Insolvenz an, und ein Student könnte dann im Prinzip das Gleiche machen.

Und so funktioniert das: Ich nehme als Student ein Bildungsdarlehen beim Staat auf – er lässt mich studieren, ohne dass ich zum Zeitpunkt des Studiums, wenn ich klamm bin, etwas zahlen muss. Nach dem Ende meines Studiums treibt der Staat dann seine Forderungen dergestalt ein, dass der ehemalige Student einen bestimmten Prozentsatz seines Einkommens als Studiengebühr wieder zurückzahlen muss – gestreckt beispielsweise über einen Zeitraum von zehn Jahren, danach ist er frei. Wer aber nach dem Studium keinen Job bekommt, der muss auch nichts zurückzahlen, hier übernimmt sogar der Staat die Kosten für das Scheitern unseres Absolventen – bei privaten Investitionen unvorstellbar.*

Wenn Sie dieses System sorgfältig durchdenken, dann werden Sie sehen, dass es alle Anforderungen erfüllt: Es ist gerecht (wer von seinem Studium viel hat, zahlt auch viel zurück), es ist fair (keine Sondergeschenke an irgendwelche bevorzugten Gruppen) und es lässt viel Raum zur Förderung sozial Benachteiligter, indem man beispielsweise sozial benachteiligten Menschen sogar zusätzliche Zuwendungen zukommen lassen könnte. Das wäre auch finanziell möglich, weil in diesem System weniger Geld an Studenten vergeben wird, die dieser sozialen Zuwendung nicht bedürfen. Indem wir effizienter umverteilen, können wir sogar mehr umverteilen als vorher. Ein Verfahren, das bereits in einigen Ländern erfolgreich praktiziert wird.

Auch für die Studenten hat ein solches System Vorteile: Zum einen entspannt sich die Finanzsituation der Universitäten, zum anderen können sie ihren Professoren ganz anders gegenübertreten – schließlich zahlen sie ja jetzt für die dargebotenen Dienstleistungen. Und wer würde nicht manchmal gerne in einer Vorlesung sagen: »Bitte erklären Sie das noch einmal, schließlich zahle ich dafür!«?

---

* Das wiederum birgt allerdings den Anreiz, zu studieren und danach dann doch den Job als Tagelöhner anzunehmen, den man immer machen wollte.

Warum man keine Gummibärchen verschenken sollte

... und was die EU von meinen Nachbarskindern lernen kann

»Für dich«, kräht es mir entgegen, als ich die Tür öffne. Die Tochter meiner Nachbarn, ein vier Jahre alter Dreikäsehoch, steht vor meiner Tür und streckt mir stolz und freudig ihr Werk, eine Buntstiftzeichnung, entgegen, auf der ein buntes Haus und einige noch buntere Dinge zu sehen sind. Natürlich bin ich ob so viel Zuneigung so gerührt, dass ich mich spontan entschließe, mit Maja – so heißt die Künstlerin – meinen Gummibärchenvorrat zu teilen: Als Lohn gebe ich ihr eine Handvoll Bären. Maja ist clever, und an ihrem Mienenspiel im Moment der Bärchenübergabe weiß ich, dass ich vermutlich einen Fehler begangen habe. Und in der Tat: Nur fünf Minuten später klingelt es, und ich werde stolzer Besitzer eines weiteren bunten Kunstwerkes – gegen die entsprechende Gummibärchenmenge, versteht sich. Nur zwei Minuten später klingelt es wieder, und diesmal ist es Hannah, die Schwester der Bärchenkünstlerin, die mir wissend-grinsend ein buntes Bild entgegenhält. Spätestens jetzt habe ich ein Problem.

Besser kann man gar nicht vor Augen geführt bekommen, wie Anreize funktionieren und wohin falsche Anreize führen: Wenn ich jetzt nicht irgendwie die Notbremse ziehe, habe ich die Wohnung in Nullkommanichts voll mit bunten Bildern, die zugegebenermaßen künstlerisch sehr wertvoll sind, aber nicht ganz den Beifall meines Innenarchitekten finden würden, wenn ich denn einen hätte. Der Anreiz (die Gummibärchen) rufen eine Reaktion hervor (das Angebot von Bildern), die, falls sie nicht beendet wird, in einer Katastrophe endet (meine Wohnung geht unter in einer Flut von Bildern). Nun können Sie natürlich einwenden, dass ich diesen Wahnsinn ja einfach stoppen kann, indem ich die Ausgabe von Gummibärchen einstelle – und damit haben Sie Recht. Das wäre auch die marktwirtschaftliche Lösung: Sobald ich so viel Bilder habe, dass ich der Auffassung bin, dass es genug sei, gibt es keine Gummibärchen mehr. Damit dürfte dann auch der Maldrang von Maja und Hannah zum Erliegen kommen. Korrekterweise würde der Anpassungsprozess in einer Marktwirtschaft dergestalt laufen, dass mit zunehmender Sättigung der Konsumenten diese immer weniger für das betreffende Gut zahlen würden. Und mit sinkenden Preisen respektive Gummibärchenzuwendungen würde auch der Anreiz für die Anbieter – sprich meine beiden Künstlerinnen – sinken, Bilder zu produzieren; das Angebot würde zurückgehen und ich würde nicht in einer Flut von Bildern ertrinken.

Diese Geschichte ist eigentlich so einfach, dass man hier Schluss machen könnte, und doch habe ich den Eindruck, dass die Mehrheit aller Politiker sie nicht versteht, geschweige denn die Schlussfolgerungen aus ihr. In der echten Welt würde ein Politiker meinen beiden Damen immer weiter Bilder abkaufen und diese dann entweder verbrennen oder aber an andere Nachbarn verkaufen und damit den anderen Nachbarskindern die Möglichkeit nehmen, sich bei diesen Nachbarn ein paar Gummibärchen zu erschleichen. Und irgendwann wäre die staatliche Gummibärchentüte leer, doch dann würde unser Politiker nicht damit aufhören, sondern sich anderswo Gummibärchen leihen, um diesen Irrsinn fortzusetzen. Und am Ende stehen dann alle als Verlierer da: Die Gummibärchen wären weg, man hätte Schulden, die Nachbarskinder hätten keine Bilder verkaufen können – nur meine beiden Damen hätten zumindest kurzfristig gewonnen, indem sie alle Gummibärchen des Politikerhaushaltes abgesahnt hätten – doch vermutlich hätten sie sich daran den Magen verdorben. Und wenn die staatliche Gummibärentüte leer ist, dann müsste ich die beiden Damen auf Entzug setzen.

Sie glauben nicht, dass Politiker so dumm sind? Leider stimmt meine Geschichte voll und ganz, auch wenn es sich hier nicht um Bilder und Gummibärchen handelt, so hat sie sich dennoch so zugetragen. Schon vor Jahrzehnten hat die Europäische Union – damals noch Europäische Wirtschaftsgemeinschaft – diese Gummibärchenökonomie eingeführt, und zwar in der Agrarpolitik. Dort gab und gibt es teilweise immer noch für viele Agrargüter Mindestpreise: Jeder Bauer hatte für eine Reihe Agrarerzeugnisse, die er produzierte, ein Anrecht auf einen gewissen Mindestpreis. Das ist so, als würde ich meinen Nachbarskindern eine Mindestmenge Gummibärchen für jedes Bild garantieren. Und die Bauern haben sich nicht anders verhalten als meine beiden Nachbarskünstlerinnen – sie haben auf Tod und Teufel produziert, sodass das Angebot an Agrargütern irgendwann deutlich die Nachfrage überstieg. Die Wohnung der Europäischen Gemeinschaft hing eines Tages voll mit Bildern, die an keine Wand mehr passten.

Jetzt war guter Rat teuer. Die erste Reaktion, wenn man die Zahlungen nicht einstellen will, besteht dann darin, die Bilder zu verbrennen – und das ist auch tatsächlich geschehen. Jahrelang wurden in der EU tonnenweise Lebensmittel vernichtet – eine, wie ich finde, äußerst unmoralische Folge einer völlig schwachsinnigen Wirtschaftspolitik: Wir bezahlen Menschen dafür, dass sie etwas herstellen, was wir anschließend vernichten. An Verschwendung ist das kaum noch zu überbieten. Eine andere Variante besteht darin, die Bilder an die Nachbarn zu verschenken – auch das machte man: Man verkaufte die Agrarüberschüsse an den Rest der Welt zu deutlich billigeren, weil subventionierten Preisen. Die Folge dieser Politik wiederum war, dass andere Agrarstaaten ihre Erzeugnisse auf dem Weltmarkt nicht mehr absetzen konnten, weil sie preislich nicht mit den subventionierten Gütern aus Europa mithalten konnten. Will heißen: Die Nachbarskinder konnten ihre Bilder nicht mehr verkaufen, weder an andere Nachbarn und erst recht nicht an mich.*

---

* Globalisierungskritiker klagen immer über die »Dumping-Preise« im internationalen Handel. Hier handelt es sich in der Tat um Dumping:

Vielleicht fragen Sie sich einen Moment lang, wer denn den ganzen Irrsinn bezahlt hat – und Sie werden es sicher erraten: Sie haben das bezahlt, mit Ihren Steuergeldern. Rund die Hälfte des Haushaltes der Europäischen Union wird für Agrarpolitik ausgegeben – und nie hat sich jemand darüber gewundert, dass so viel Geld für einen so kleinen Wirtschaftszweig verpulvert wird – als sei Europa noch ein Agrarstaat. Hinzu kommt: Nicht nur mit Ihren Steuern, auch mit Ihren Lebensmitteleinkäufen haben Sie diesen Irrsinn bezahlt. Ohne die Agrarpolitik wären die Preise für viele Agrargüter niedriger. Vielleicht kommen Sie jetzt auf die Idee zu fragen, warum man das denn alles tut. Ganz einfach: So wie ich auch beim dritten Bild von Maja zähneknirschend ein paar Bärchen rausrücke, weil ich die Kleine mag und nicht enttäuschen oder gar verhungern sehen will, so wollen die Politiker den Landwirten ein Auskommen sichern – es geht schlichtweg um einen Einkommenstransfer.*

Doch irgendwann wurde die ganze Sache auch den EU-Politikern zu teuer. Aber anstatt aus dem Gummibärchenteufelskreis auszusteigen und die Einkommen der Landwirte auf anderem Weg zu sichern als dadurch, dass man sie weiter zur Produktion ermuntert, verfiel man auf Ideen, auf die Sie in meinem Gummibärerlebnis nie kommen würden. Eine Idee wäre ja, den beiden Damen zu sagen: »Jede von euch darf nur ein Bild pro Tag malen und abliefern.« Damit bekommt jede einen gleichen Anteil an meinem Gummibärchenvorrat. Will ich das Ganze noch schlimmer machen, dann darf Maja zwei Bilder pro Tag liefern, Hannah aber nur eins – weil Maja zu

Güter werden am Weltmarkt dauerhaft zu Preisen unterhalb des Herstellungspreises verkauft.
* Warum Politiker Menschen ein konstantes Einkommen zuwenden möchten? Dafür gibt es mehrere Gründe, und die unvornehmsten sind politischer Natur: Es geht darum, Wählerstimmen einzusammeln.

Beginn der ganzen Affäre ja schon zwei Bilder pro Tag geliefert hatte und ich ihr nicht zumuten mag, jetzt auf einmal mit weniger Gummibären auszukommen. Übersetzt in die Sprache der Politiker nennt sich das dann »Quotenregelung« und funktioniert genauso, zumeist auch mit der Regelung, dass wer schon immer viel produziert hat, eine höhere Quote bekommt – keine wirklich gute Begründung.

Die Folgen einer solchen Quote sind klar: Ich löse mein Gummibärenproblem nicht, die Landwirte haben wenig Anreiz, ihre Produktionsgewohnheiten zu überdenken, sich auf Produkte zu konzentrieren, die vielleicht wirklich gebraucht werden, und ein Wettbewerb mit den üblichen für die Konsumenten positiven Begleiterscheinungen unterbleibt. Die Güter bleiben teuer, es kommen keine neuen Anbieter oder Produkte. Und: Wir müssen weiterhin zahlen.

Und da das dann der Politik immer noch zu teuer ist, kommen jetzt weitere Ideen aus dem Gruselkabinett des ökonomischen Schwachsinns dazu: Um die Angebotsmenge zu reduzieren, bietet man den Landwirten Stilllegungsprämien an, man bezahlt sie also dafür, dass sie ihre Produktion einschränken. Das heißt, ich gebe Maja und Hannah Gummibärchen, damit sie nicht malen. Eine grandiose Vorstellung: Gehen Sie zu Ihrem Chef und schlagen Sie ihm vor, weniger zu arbeiten, wenn er Ihnen dafür weiterhin Geld gibt. Aber berufen Sie sich bei diesem Vorschlag bitte nicht auf dieses Büchlein.

Es kommt noch dicker: In meinem Bärenbeispiel kann ich recht gut überblicken, ob jede der beiden Damen ihre Quote einhält oder ihre Bilderproduktion reduziert, doch in der Agrarpolitik sieht das schon anders aus. Hier verwendet man mittlerweile Satelliten, um die Stilllegungen von Äckern zu überwachen. Spätestens jetzt muss dem gesunden Menschenverstand doch schwindelig werden: Wir verwenden teure Hochtechnologie, um zu überwachen, dass jemand nichts tut – und bezahlen ihn anschließend dafür. Ein ökonomischer Alptraum aus der ersten Reihe.

Was mache ich denn in meinem Gummibärchenbeispiel? Will ich, dass die beiden charmanten Damen wenigstens ein gewisses Gummibärchenauskommen haben, dann gebe ich ihnen einfach ein paar Bärchen pro Tag – ohne irgendwelche Bedingungen oder Aufforderungen, dass sie Bilder malen. Das Ergebnis: Die Damen haben nicht nur ein Auskommen, sondern sind auch nicht mehr gezwungen, Bilder herzustellen, die ich dann anschließend diskret entsorgen muss – damit verhindere ich eine Verschwendung von Zeit, Papier und Buntstiften. Das klingt doch eigentlich recht vernünftig und einfach: Will ich jemandem etwas zukommen lassen, dann tue ich das doch direkt und zwinge ihn nicht, Produkte herzustellen, die dann anschließend vernichtet werden.* Wie sollen wir denn so ein Verhalten unseren Kindern oder Nachbarskindern erklären?

---

* Allerdings gibt es hier ein anderes Problem: Garantiere ich jedem Bauer, der nichts tut, ein Mindestauskommen, dann wird es sehr rasch eine ganze Menge weiterer Bauern geben. Das macht klar, dass Einkommenstransfers nur in Abhängigkeit von einem Berufsstand keine wirklich sinnvolle Lösung sind. Transfers sollten immer auf das tatsächliche Einkommensniveau der Menschen und deren Möglichkeiten, Einkommen zu generieren, abstellen.

Warum wir schlecht beraten werden

… und was der Mann von der Hamburg-Mannheimer
damit zu tun hat

»Nimm das Maisbrot«, sagt der Verkäufer zu mir und meint
damit das appetitlich aussehende Brot auf seinem Tisch. Es
ist Wochenmarkt in meiner Heimatstadt und ich bin mal wieder losgezogen, um mich mit Brot zu versorgen. Zwischen
Vollkorn-, Weißbrot und Maisbrot schwankend, lasse ich mich
von ihm überzeugen und befolge seinen Rat. Es geht doch
nichts über fachkundige Beratung, denke ich mir und ziehe
weiter. Noch fachkundiger ist die Beratung etwas später im
Elektrogeschäft, als ich mir einen neuen Mini-Disc-Player
kaufe: Der Verkäufer versteht sein Geschäft und macht mir
unmissverständlich klar, dass ich für ein wenig Qualität auch
ein wenig mehr Geld auf den Tisch seines Elektrohauses legen muss. Gut, dass ich in einem Fachgeschäft kaufe, denke
ich mir.

Als ich mit meinen Einkäufen nach Hause komme und ein
wenig Ruhe finde, kommen mir aber Zweifel, ich werde misstrauisch: Was sagt denn der Ökonom in mir zu meinen Ein-
kaufserlebnissen? Mit ein wenig Nachdenken komme ich zu
dem Schluss, dass die Fürsorge, die mir die Verkäufer haben
angedeihen lassen, wohl interessengeleitet war. Es ist eigentlich ein recht einfaches Dilemma und Kalkül: Der Verkäufer
und der Käufer haben völlig unterschiedliche Interessen. Der
Käufer mag es so billig wie möglich, der Verkäufer möchte
gerne so viel Geld wie möglich abkassieren. In diesem Kon-
text erscheint die Beratung des Händlers in einem völlig neu-
en Licht: Unterstelle ich, dass es dem Käufer ausschließlich
um eine Maximierung seines Gewinns geht, so wird er mir
nicht das beste Produkt andrehen, sondern das Produkt, bei
dem er die höchste Gewinnmarge erwirtschaftet. Das kann

auf zwei Wegen geschehen: Entweder der Gewinn aus dem Verkauf fällt direkt dem Verkäufer zu – das dürfte wohl bei meinem Bäcker der Fall sein –, oder aber der Hersteller des Produktes verspricht dem Verkäufer eine Provision für den Verkauf, die er dann einstreicht. In beiden Fällen tut sich für mich als Konsument ein Problem auf: Die scheinbar objektive Beratung erweist sich lediglich als Gewinnmaximierungsstrategie des Verkäufers – ein Gewinn, der zu meinen Lasten geht.

Dieses Dilemma tut sich Ihnen öfter auf, als Sie denken – jeder Verkäufer will letztlich an seinen Kunden verdienen. Nehmen Sie einmal Ihren örtlichen Supermarkt: Dort finden Sie bestimmte Waren in sehr guten, leicht erreichbaren Lagen (in Griffhöhe oder direkt am Eingang oder neben der Kasse, das ist die so genannte »Quengelware«, die Sie daran erkennen, dass vor diesen Regalen Kinder ihren Eltern gerne eine Demonstration geben, wie laut sie ihre Wünsche artikulieren können), nach anderen Waren wiederum muss man sich bücken oder sie suchen. Das ist kein Zufall, sondern genau kalkuliert: Die Anbieter der Produkte zahlen den Supermärkten teilweise horrende Summen, damit diese ihre Produkte in gut gelegene und sichtbare Regale packen; oft werden sogar so genannte Regalmieten alleine dafür gezahlt, dass der Supermarkt die Ware überhaupt ins Sortiment nimmt. Und diese Platzierung hat dann auch Einfluss auf Ihre Kaufentscheidung – die Platzierung der Produkte im Regal ist im Grunde eine Art Empfehlung.

Ähnliche Beratungsprobleme finden Sie bei Finanzdienstleistern, hier ist dieser Sachverhalt besonders ausgeprägt: Der Verkauf von Versicherungen beispielsweise läuft dergestalt, dass der Versicherungsvertreter eine Provision für jeden Versicherungsvertrag bekommt, den er verkauft. Entweder der Vertreter verkauft die Versicherung des Anbieters, der ihm die höchste Provision verspricht, oder aber er ist sowieso nur für eine Versicherungsgesellschaft unterwegs – in beiden

Fällen keine gute Voraussetzung dafür, dass der Vertreter seinen Kunden die beste oder gar preiswerteste Versicherung verkauft oder eine Versicherung, die er wirklich braucht.

Die Volksseele weiß in der Regel zumindest intuitiv um diese Zusammenhänge, weswegen gerade Versicherungsberater nicht zu den beliebtesten Vertretern der menschlichen Spezies zählen. Komisch allerdings, dass man vergisst, dass diese Zusammenhänge grundsätzlich bei allen Verkäufern gelten: Ein Verkäufer wird immer, muss immer daran interessiert sein, Ihnen entweder das Produkt mit der besten Gewinnspanne (oder Provision) zu verkaufen oder nur das Produkt desjenigen Produzenten, an den er gebunden ist.

Umso unverständlicher ist es, dass in den Medien vor allem Finanzdienstleister immer wieder als skrupellose Geschäftemacher dargestellt werden, die nur auf Gewinn aus sind. Der gleiche Vorwurf trifft fast jeden Handeltreibenden – auch sie sind auf Gewinne aus. Und zu Recht sind sie das, wie jeder andere gute Verkäufer auch. (Niemand beschwert sich, dass der nette Mensch vom Autohaus nur Mercedes verkaufen will – warum tut man dies denn bei Versicherungsvertretern?) Ein Verkäufer, der keinen Gewinn machen will, ist nicht lange ein Verkäufer. Ökonomisch gesehen ist das auch nicht zu beanstanden, schließlich übernimmt der Supermarkt, das Reisebüro oder der Finanzvertreter eine wichtige Dienstleistung für die Produzenten: Sie vertreiben deren Produkte und verschaffen den Kunden Zugang zu diesen Produkten. Und für diese Arbeit wollen sie entlohnt werden.

Um es kurz zu machen: Ein Verkäufer ist a priori kein guter Sachverwalter der Interessen des Käufers; und will der Käufer vermeiden, dass er übers Ohr gehauen wird, so muss er sich selbst um seine Interessen kümmern. In der Regel klappt das auch recht gut: Ich hole mir Angebote von mehreren Anbietern ein, informiere mich über wesentliche Produkteigenschaften, vergleiche Preise, wälze Fachzeitschriften – die Liste der Möglichkeiten, mittels derer ich mir einen Überblick über alle möglichen Angebote verschaffen kann, damit ich das Angebot des einzelnen Verkäufers sachkundig beurteilen kann, ist schier endlos.

In vielen Fällen tun das Menschen auch, nämlich immer dann, wenn es um Anschaffungen von größerem Wert geht. Der Grund dafür ist einleuchtend: Bei größeren Anschaffungen, die viel kosten, macht ein Preisunterschied von einem Prozent bezogen auf die Kaufsumme viel mehr aus als beispielsweise bei meinem Brot. Und damit lohnt sich der ganze Aufwand erst. Das erklärt auch, warum ich bei meinem Bäcker nicht misstrauisch werde: Bei so kleinen Summen bin ich viel zu faul, um ernsthafte Erkundungen einzuziehen. Aber grundsätzlich gilt: Als Verbraucher habe ich immer die Möglichkeit, das Recht und im Grunde auch die Pflicht, mich selbst zu informieren – ein Verkäufer wird immer Eigeninteressen verfolgen.*

Nun ist das mit der Eigeninformation so eine Sache, oft kommt der Einwand, dass selbst ein interessierter Konsument nicht in der Lage ist, sich über manche Produkte ausreichend und kompetent zu informieren. Und das dürfte gerade für jene Produkte zutreffen, die kostspielig sind. Hier ist guter Rat teuer, und zwar im wahrsten Sinne des Wortes, denn die beste Lösung für dieses Dilemma wäre es, einen Berater zu engagieren. Zwar fungiert der Verkäufer auch als Berater, aber wir haben ja bereits festgestellt, dass er als Berater eigentlich ungeeignet ist, da seine Beratung interessengesteuert ist.

* Doch auch für die Verkäufer ist das mit der Beratung nicht so einfach, sie leiden unter etwas, was ich gerne als »Beratungsarbitrage« bezeichne. Das sieht dann in etwa wie folgt aus: Der Kunde kommt in das Geschäft und lässt sich ein paar Stunden beraten. Anschließend dankt er dem Verkäufer, sagt ihm, dass er es sich noch einmal in Ruhe überlegen wolle und geht dann schnurstracks zum nächsten Discounter oder Internet-Händler, der ihm das gleiche Produkt günstiger verkauft – weil es keine Beratung dazu gibt. Und der beratungsintensive, kundenfreundliche Händler guckt in die Röhre.

Aber wie kann ich sicherstellen, dass ich einen Berater finde, der meine Interessen wahrnimmt? Am einfachsten wäre folgende Lösung: Sie sagen Ihrem Berater, was Sie wollen, und geben ihm auch einen Preis vor, zu dem Sie das gewünschte Produkt bereits gesehen haben. Jetzt geht Ihr Berater auf die Suche, und wenn er dieses Produkt oder ein gleichwertiges Produkt findet, das billiger ist, so erhält er einen Prozentsatz des eingesparten Betrages als Provision. Jetzt passen die Interessen des Beraters und Ihre Interessen zusammen: Sie möchten das Produkt möglichst billig und Ihr Berater auch, da er ja umso mehr Provision erhält, je billiger er Ihnen das Produkt beschafft.

So elegant sich diese Lösung – die in der Realität auch von so genannten Preisagenturen praktiziert wird – anhört, sie löst nicht alle Probleme. Gut funktioniert sie nur bei Produkten, die sich sehr gut miteinander vergleichen lassen. Sobald es kleine Unterschiede in der Produktausstattung oder in der Qualität gibt, wird es schwierig. Dann käme eine andere Methode infrage: Sie gehen zu einem Berater, bezahlen ihm einen Stundenlohn für seine Beratung, weisen ihn aber zugleich darauf hin, dass Sie die von ihm empfohlenen Produkte nicht über ihn beziehen werden. Damit bezahlen Sie ihn für die Beratung, schalten aber zugleich das Eigeninteresse aus. Leider stellt diese Praxis nicht komplett sicher, dass Sie einwandfrei beraten werden, aber zumindest gibt es keine direkten Anreize für den Berater, auf Provisionen und Ähnliches zu schielen. (Leider gibt es für ihn einen Anreiz, lange, aber langsam zu suchen.) Im Grunde trennen Sie damit die Dienstleistungen eines Verkäufers in zwei Komponenten: Die Beratung und den Vertrieb. Diese Trennung wird bei einem regulären Einkauf in einem Geschäft eben nicht vorgenommen, Sie bezahlen mit dem Kauf des Produktes für beide Dienstleistungen zusammen. Und hier liegt auch der Haken der letzten von mir vorgeschlagenen Lösung.

Wenn Sie sich von Ihrem Berater ein Produkt ausgepickt

haben und damit zum nächsten Händler gehen, dann bezahlen Sie den gleichen Preis wie alle anderen Kunden auch – und damit auch einen Anteil des Preises für eine Beratung, die Sie gar nicht genossen haben. Sie zahlen also doppelt: Einmal den unabhängigen Berater und einmal die Beratungsleistung des Verkäufers, die Sie zwar nicht in Anspruch genommen haben, die er aber in seine Preise im Voraus einkalkuliert hat. Eigentlich müssten Sie zu dem Händler gehen und sagen: »Ich will Produkt X, ich brauche keine Beratung und deswegen will ich einen Preisnachlass.« Ich vermute, Sie werden in vielen Fällen auf Granit beißen, aber bei hochpreisigen Gütern könnte da schon der eine oder andere Euro drin sein, denke ich.

Ein anderer Ausweg aus dem Beratungsdilemma besteht im Aufbau langfristiger Geschäftsbeziehungen: Mein Bäcker auf dem Wochenmarkt weiß, dass ich jeden Samstag komme, und er ist daran interessiert, dass ich auch weiterhin jeden Samstag wiederkomme. Also wird er sich darum bemühen, mich zu meiner Zufriedenheit zu beraten und mich nicht übers Ohr zu hauen. Das garantiert ihm, dass ich auch in der nächsten Woche wieder vorbeikommen werde. Schwieriger ist das bei Großanschaffungen wie meinem Mini-Disc-Player, die man eben nicht jede Woche tätigt – hier ist die Versuchung des Verkäufers ungleich größer, vor allem, wenn er vermutet, dass er den Käufer nie wiedersehen wird. Gelindert wird das höchstens bei Gütern, bei denen Anschlussaufträge wie beispielsweise Reparaturen oder Veränderungen möglich oder nötig sind. Ein unzufriedener Kunde wird solche Reparaturen nicht bei einem Händler machen lassen, mit dem er nicht zufrieden ist. Sie sehen: Je langfristiger eine potenzielle Geschäftsbeziehung angelegt ist, umso besser stehen dann ihre Chancen, wenigstens einigermaßen vernünftig beraten zu werden. Und so langfristige Geschäftsbeziehungen haben auch einen weiteren Vorteil: Ab und an schenkt mir mein Bäcker auch einen Apfelring als Bonus.

Warum ich zu viel für meinen Computer bezahle
… und was die Musikindustrie dazu meint

Bei den Arbeiten zu diesem Buch ist etwas Furchtbares geschehen: Mein tragbarer Computer, auf Neudeutsch »Laptop« genannt, ging kaputt – er machte die Grätsche, wie man bei uns sagt. Also schnappte ich mir meinen Kumpel Jürgen, der mich beim Kauf eines neuen Rechners beraten sollte, und zog mit ihm durch die Mediamärkte und PC-Freak-Geschäfte des Landes – und meine Erfahrungen waren niederschmetternd. Zuallererst musste ich mir eine neue Sprache aneignen – zwischen all den RAM, ROM, DVD, USB, Hz, LAN und sonstigen Technikausdrücken fühlte ich mich so verloren wie ein Golfprofi auf der Westtribüne von Kickers Offenbach. Und irgendwann platzte mir der Kragen und ich blökte einen armen Verkäufer an: »Alles, was ich will, ist eine tragbare Schreibmaschine mit Festplatte und Internetanschluss – das restliche Zeugs könnt ihr euch in die Haare schmieren!«

Der arme Mensch tat mir danach Leid, weil er nun unmittelbar meinen geballten Frust abbekam, aber in der Sache finde ich meine Forderung berechtigt: Alles, was ich benötige, ist ein Textverarbeitungsprogramm und einen Internetzugang, um die Texte dann zu verschicken. Was ich hingegen angeboten bekam, waren Wundermaschinen, mit denen ich digital Filme vertonen und schneiden sowie dreidimensionale Videospiele in Echtzeit über Netzwerke spielen kann, Rechner mit extrem schnellen Prozessoren und Videokarten und dazu einen Stapel von Programmen, die ich im Lebtag nie benötigen werde, weil ich noch nicht einmal mehr erahne, wozu sie gut sein könnten. Mein bescheidener Wunsch nach einem einfachen Rechner wurde überall abgebügelt mit dem Hinweis, dass es so etwas nicht gebe. Und als Ökonom frage ich mich natürlich, warum.

Die erste Antwort auf diese Frage ist recht simpel. Mein Geschmack respektive meine Kundenwünsche sind so abwegig, dass niemand diese Dinge produziert, weil es zu wenig Kunden dafür gibt. So einfach und überzeugend diese Antwort ist, wir wollen sie einmal einen Moment zur Seite stellen, um andere Möglichkeiten zu erwägen, zumal ich eine gute Begründung dafür habe, dass das nicht alles sein kann: Es ist der Auslastungsgrad vieler Rechner. Mein Freund Jürgen kennt sich aus mit Computern, und er kann mir am Bildschirm zeigen, wie hoch der Auslastungsgrad des Prozessors in meinem Rechner ist. Er liegt unter fünf Prozent, und das dauerhaft. »Bei den meisten Leuten ist das ähnlich«, erklärt mir mein privater PC-Doktor. Das gleiche Phänomen gilt, denke ich, für viele Software-Programme. Mal ehrlich: Wie viele der tausend Funktionen Ihres Textverarbeitungsprogramms kennen und nutzen Sie wirklich? Viele Computerprogramme bieten mittlerweile Möglichkeiten, die kein Mensch mehr überblickt, geschweige denn nutzt, und die Programme nur zusätzlich verkomplizieren. Und trotzdem werden sie verkauft. Warum?

Nun gut, eine erste Begründung könnte sein, dass die Computer- und Softwarehersteller nicht nur den Basisumfang verkaufen, sondern eben auch ein Paket von Möglichkeiten. »Später wollen Sie dann doch einmal größere Anwendungen fahren und brauchen mehr Kapazität – dann müssen Sie teuer aufrüsten«, höre ich den Verkäufer sagen. Dumm dabei ist nur, dass mir das schon sein Vorgänger erklärt hat, als ich das Vorgängermodell gekauft habe – ohne dass ich jemals das Bedürfnis verspürte, aufzurüsten oder die umfangreichen Möglichkeiten meines Rechners nur ansatzweise zu nutzen. Und selbst wenn dieses Argument stimmt – was, wenn ich gar keine Möglichkeiten kaufen will? Warum will mir niemand einen Rechner ohne eine teure Option auf zusätzliche Möglichkeiten verkaufen?

Wie wäre es mit dieser Erklärung: Man verkauft standardisierte Rechner, die jedem Anspruch genügen – und da muss dann auch eben das Bildbearbeitungsprogramm mit einer entsprechenden Grafikkarte dabei sein, man muss sie ja nicht nutzen. Und durch die Standardisierung der Rechner kann man dann kostengünstiger fertigen, da man in Massenproduktion herstellen kann, was pro Stück gerechnet billiger ist. Ein Indiz spricht für diese Erklärung: Wenn Großunternehmen einen ganzen Satz Rechner bestellen, dann wollen sie oft Maschinen ohne Laufwerke und CD-Roms – des Datenschutzes und der Sicherheit wegen. Und dieses weniger an Ausstattung kostet sie dann aber mehr Geld! Zur Begründung verweisen die Hersteller der Rechner darauf, dass die Rechner am Fließband gefertigt werden und dass man die Laufwerke nachträglich ausbauen müsse – das koste dann eben zusätzlich Geld. Ich halte das für ausgemachten Schwindel. Ich glaube kaum, dass die Laufwerke jemals eingebaut waren, hier nutzt der Hersteller einfach die Gunst der Stunde und erhöht seinen Preis, wohl wissend, dass ein Unternehmen die paar Euros mehr lässig verkraften kann. Viele der Komponenten, die eingebaut respektive für viel Geld angeblich ausgebaut werden, sind so teuer, dass sie sicherlich teurer sind als die Kosten des Ausbaus. Was ist billiger: Ein DVD-Laufwerk oder aber die Blende, mit der man die offene Lücke verschließt, die ein nicht eingebautes Laufwerk hinterlässt?

Damit pirschen wir uns an eine weitere Erklärung heran, indem wir uns vor Augen halten, dass PC-Hersteller und Software-Verkäufer immer unser Bestes wollen – unser Geld nämlich. Und wie mache ich als Unternehmer am meisten Geld? Na, indem ich den Leuten möglichst viele Produkte verkaufe. Ich glaube kaum, dass ein Produzent von Rechnern viel an mir verdienen könnte, wenn ich einen bescheidenen Rechner mit Modem und Textverarbeitung kaufen würde, der technisch nicht auf dem neuesten Stand ist, aber meinen Ansprüchen genügen würde. Der Fortschritt im Computergeschäft ist derart rasant, dass man Rechenleistung, die 1980 noch horrendes Geld gekostet hätte, heute bald in kleinen Alltagsgeräten findet. Hätte sich die Technik nicht auch inhaltlich fortentwickelt, dann würde uns ein PC heute vermutlich keine 200 Euro kosten. Dass Rechner immer noch zumeist wenigstens einen fast vierstelligen Euro-Betrag kosten, liegt einzig daran, dass die darin enthaltene Technik deutlich weiterentwickelt ist, mehr Möglichkeiten bietet und damit auch teurer geworden ist. Und mit der besseren Technik ließen sich dann auch die höheren Preise rechtfertigen.

Sicher, mit der besseren Technik erschließen sich dem Anwender auch neue Möglichkeiten, aber damit sind wir ja wieder beim Thema Möglichkeiten – warum für diese Möglichkeiten zahlen, die man gar nicht nutzen will? Ich vermute – und damit sind wir bei meiner bevorzugten Erklärung –, dass der Verkauf eines Rechners ein so genanntes Kuppelgeschäft ist. Viele Käufer eines Computers kaufen diesen wegen bestimmter Grundfunktionen, die sie benötigen und auf die sie auch nicht verzichten können. Und in diese Notwendigkeit hinein verkaufen die Anbieter ihren Kunden nicht nur die Grundfunktionen, mit denen sie nicht so viel Geld verdienen können, sondern noch den teuren Schnickschnack obendrein, mit dem man wenigstens auch ordentliche Gewinne einfährt. Und das nennt man Kuppelgeschäft: Den Verkauf eines Gutes nur unter der Bedingung, dass zugleich auch ein zweites Gut zusätzlich gekauft wird.

Mit einer Schreibmaschine mit Modem, wie ich sie will, könnte ein PC-Hersteller nicht viel verdienen, aber mit einem Multimediarechner, der den allerneuesten Technikzauber enthält, lässt sich mehr Geld machen. Und da ich armer Anwender auf die Grundfunktionen eines Rechners – Textverarbeitung und E-Mail – nicht verzichten will, muss ich den ganzen Zinnober mitkaufen. Ein ähnliches Phänomen erlebte ich schon bei meinem letzten Autokauf, als man mir einen Wagen mit Klimaanlage anbot, ich aber partout keine Klimaanlage haben wollte. »Gibt es nicht ohne«, lautete die lapidare Antwort des Verkäufers. Auch hier das gleiche Muster: Auf die Grundfunktionen – Fortbewegung – will ich nicht verzichten und deswegen bekomme ich noch den Zusatz-Schnickschnack angedreht.

Gut, die Unternehmen reden sich natürlich auch damit raus, dass man den Produktionsprozess zu sehr verändern müsste, wenn man eben einzelne Produktionsschritte – wie beispielsweise den Einbau der Klimaanlage – weglassen wollte. Doch ich kann Ihnen zumindest ein Beispiel nennen, bei dem dieses auch ansonsten nicht ganz so kräftige Argument einfach nicht stimmen kann: Ich rede von meiner CD-Sammlung. Ich weiß nicht, wie es Ihnen geht, aber mir geht es so, dass die meisten CDs nur maximal zwei oder drei Lieder enthalten, die ich wirklich, wirklich gerne höre – der Rest ist eher unterdurchschnittlich, und eigentlich habe ich die CD nur wegen dieser zwei oder drei Stücke gekauft. Das jedenfalls ist ein perfektes Beispiel von Kuppelgeschäft: Zusammen mit den zwei Stücken, an denen mein Herz hängt, bekomme ich den ganzen anderen Ramsch mit angedreht – zu einem höheren Preis, versteht sich. Zwar gibt es von den Stücken oft auch eine Single, doch die ist dann schon wieder so teuer, dass man sich eben denkt, dass man doch die paar Cents für das komplette Werk mehr drauflegt, oder? Und um den hohen Preis der Single – heute heißt das glaube ich Maxi-CD – zu rechtfertigen, packt man da so genannte »Bonus-Tracks«, also zusätzliche Stücke drauf – die ich eigentlich auch nicht will, da haben wir doch schon wieder das gleiche Schema.

Diese Überlegungen erklären auch, warum die großen Musikfirmen so viel Angst vor dem Internet als Musikvertriebskanal haben – einmal abgesehen von den Raubkopierern: Was, wenn die Kunden einzelne Stücke über das Internet kaufen können und man ihnen nicht mehr die komplette CD andrehen kann? Die Kalkulation der Firmen bei der »Produktion« eines Stars lebt auch davon, dass man eine komplette CD verkauft und nicht nur ein einzelnes Stück – ein Künstler, der nur ein Stück verkauft, ist kommerziell uninteressant. Was beim geplagten Konsumenten zurückbleibt, ist Frustration und das leise Gefühl, irgendwie dann doch übers Ohr gehauen worden zu sein. Vielleicht sollte ich doch die alte Schreibmaschine aus dem Keller holen – wenn sie doch nur einen Internetanschluss hätte.

Warum es gut ist, an das Ende zu denken

... und wie man 1 Dollar für 7 Dollar verkauft

Nun gut, als Ökonom, der auch mit den Mechanismen der Medienindustrie ein wenig vertraut ist, weiß ich, dass ein Buch sich immer besser verkauft, wenn es seinen Lesern einen gewissen Nutzwert verspricht – »... dieses Buch macht Sie schöner, reicher, erfolgreicher, jünger, gesünder« ist immer ein gutes Verkaufsargument. Also habe ich mich entschlossen, Ihnen vor dem letzten Kapitel noch einmal einen handfesten Nutzwert zu vermitteln: Ich verrate Ihnen jetzt, wie man todsicher den Roulettetisch im Casino mit einem Gewinn verlässt. Wenn das kein Nutzwert ist!

Lassen Sie uns keine Zeit verlieren, hier mein Strategievorschlag: Beginnen Sie mit einem bestimmten Geldbetrag, sagen wir 50 Euro, und setzen Sie diesen meinetwegen auf »Schwarz«. Nehmen wir jetzt einmal an, es fällt »Rot« – Sie haben also verloren. Jetzt machen Sie einfach Folgendes: Sie setzen noch einmal auf Schwarz, aber diesmal nicht 50, sondern 100 Euro. Was passiert jetzt? Wenn nun tatsächlich Schwarz fällt, gewinnen Sie 200 Euro. Dann haben Sie abzüglich Ihres Einsatzes von insgesamt 150 Euro glatt 50 Euro gewonnen. Wenn Sie jetzt Schluss machen, verlassen Sie das Casino mit einem Gewinn. Fällt aber wieder Rot statt Schwarz und Sie verlieren Ihren Einsatz, dann verdoppeln Sie einfach erneut Ihren Einsatz. Fällt dann Schwarz, berechnet sich Ihr Gewinn wie folgt: Sie haben 50 plus 100 plus 200 Euro gesetzt und gewinnen 400 Euro – macht unter dem Strich 50 Euro Gewinn. Fällt aber Rot, so setzen sie jetzt 400 Euro. Dann haben Sie insgesamt schon 750 Euro gesetzt. Wenn jetzt endlich Schwarz fällt, dann haben Sie mit dem letzten Spiel, bei dem Sie 400 Euro gesetzt haben, 800 Euro gewonnen. Das macht dann einen Gesamtgewinn von 50 Euro.

Ich denke, das System ist klar: Jedes Mal, wenn man verliert, verdoppelt man einfach den Einsatz, und zwar so lange, bis man gewinnt. Und durch die Verdoppelung des Einsatzes holt man dann seinen gesamten Einsatz und einen zusätzlichen Gewinn wieder rein.* Diese Strategie wirkt auf den ersten Blick recht überzeugend, doch den ersten Haken werden Sie wahrscheinlich bereits selbst gefunden haben: Wenn es schlecht läuft, dann geht Ihnen das Geld aus, noch bevor Sie einmal gewonnen haben. Nehmen wir einmal im obigen Beispiel an, Sie gehen mit 1.000 Euro bewaffnet ins Casino und beginnen mit diesem System. Setzen Sie auf Schwarz und kommt viermal hintereinander Rot, so sind Sie mit Ihren Finanzen schon am Ende, Sie haben 50 plus 100 plus 200 plus 400 Euro ausgegeben, das macht zusammen 750 Euro. Dann fehlt Ihnen das Geld, um in der nächsten Runde die 800 Euro zu setzen, die notwendig sind, um für den Fall, dass Schwarz fällt, 1.600 Euro zu gewinnen und damit wieder ins Plus zu kommen. (Sie hätten dann insgesamt 1.550 Euro eingesetzt und gehen mit einem Gewinn von 50 Euro nach Hause.)

Rein statistisch gesehen ist diese Strategie auch kein besonders gutes Geschäft, und das liegt vor allem an der Null. Wie Sie wissen, besteht ein Roulettetisch aus 36 Zahlenfeldern, die je hälftig rot und schwarz sind. Die Wahrscheinlichkeit für Schwarz beträgt aber nicht 50 Prozent, sondern nur 48,6 Prozent. Den 18 möglichen Feldern, die schwarz sind, stehen nämlich 19 nicht-schwarze Felder gegenüber – 18 rote Felder und die Null. Von 37 Feldern gewinne ich nur bei 18

---

* Es lässt sich zeigen, dass der Gewinn bei dieser Strategie immer dem ursprünglichen Einsatz entspricht; wenn Sie also mit 50 Euro starten und dann immer verdoppeln, so gehen Sie später mit einem Gewinn von 50 Euro nach Hause – nach Abzug Ihres gesamten Einsatzes. Ein Dank hier an meinen Freund Cäsar, der mir den mathematischen Beweis für diese These im Mainzer Theatercafé auf der Rückseite der Rechnung vorführte.

Feldern, also weniger als die Hälfte der Felder, eben jene 48 Prozent. Wenn der Gewinnfall also jeweils mit 48 Prozent eintritt, der Verlustfall aber mit 51,4 Prozent (18 mal Rot oder einmal Null), dann wird relativ rasch klar, dass der erwartete Gewinn dieser Strategie negativ ist.* Nur die Tatsache, dass Sie eisern bis zum Schluss durchhalten, rettet dieses Kalkül. Zudem gibt es noch ein anderes Problem: In der Regel gibt es am Roulettetisch ein Limit, das Sie setzen dürfen. Liegt das Limit beispielsweise bei 500 Euro und Sie beginnen mit 50 Euro, die Sie meinetwegen auf Schwarz setzen, dann muss spätestens beim vierten Mal auch Schwarz kommen, damit die Strategie funktioniert. Beim fünften Mal müssten Sie 800 Euro setzen, was dann das Tischlimit nicht zulässt.

Wie Sie sehen, ist also auch dieses System kein Freifahrtschein zum Rouletteglück – wenn es das tatsächlich wäre, dann würde dieses Buch jetzt entweder »Ich, der Millionär« lauten oder es gäbe keine Roulettetische. Aber damit Sie sich jetzt nicht um Ihren Nutzwert in diesem Buch betrogen fühlen, schlage ich Ihnen noch zwei weitere Spiele vor, mit denen man auf Partys sicherlich einige Leute verblüffen oder sogar ein wenig Geld verdienen kann.

Das erste Spiel stammt vom Wissenschaftler Martin Shubik, der auf Partys Dollarauktionen durchführte. Die Regeln waren wie folgt: Zur Auktion steht ein Dollar, das Mindestgebot ist ein Cent. Die Auktion läuft wie normale Auktionen ab, bis auf eine einzige Ausnahme: Nicht nur derjenige, der den höchsten Preis bietet und damit den Dollar erhält, muss zahlen, auch derjenige, der das zweithöchste Gebot abgegeben hat, muss den von ihm gebotenen Betrag an den Auktionator entrichten, auch wenn er leer ausgeht.

Probieren Sie diese Auktion aus. Shubik jedenfalls berich-

---

* Die Berechnung der Gewinnwahrscheinlichkeiten erfolgt genauso wie im Kapitel »Warum Günther Jauch auf mich warten muss«. Wenn Sie mögen, dann versuchen Sie sich hier einmal am Transfer.

tet, dass er auf Partys 1 Dollar für bis zu 7 Dollar verkauft hat – im Schnitt 340 Cents von demjenigen, der den Dollar ersteigert hat plus die Summe, die der Bieter mit dem zweithöchsten Gebot an ihn entrichten musste. So unvernünftig das klingt, so logisch wird das aus der Perspektive der Spielteilnehmer, wenn man es einmal durchspielt. Der kritischste Punkt an diesem Spiel ist der Beginn: Hat man es erst einmal geschafft, dass zwei Gäste ein Gebot abgegeben haben, dann kommt die Sache von selbst ins Rollen. Hätten die Teilnehmer der Auktion vor Abgabe eines Gebotes einmal genau nachgedacht, dann hätten sie die Finger davon gelassen. Die Überlegung bei diesem Spiel ist nämlich folgende: Habe ich erst einmal begonnen zu bieten, dann kann ich im Grunde genommen nur verlieren. Das liegt einfach daran, dass auch derjenige zahlen muss, der bei der Auktion nur das zweithöchste Gebot abgibt. Nehmen wir einmal an, Sie bieten 50 Cents für den Dollar. Bietet ein Konkurrent nun 60 Cents und geben Sie auf, so verlieren Sie die 50 Cents – ohne dafür den erhofften Dollar zu bekommen. Zudem lohnt es sich ja, so lange zu steigern, bis man weniger als einen Dollar für den Dollar bietet. Hier kommt dann der nächste kritische Punkt: Habe ich 90 Cents geboten und bietet nun ein Konkurrent 100 Cents, also einen Dollar, so lohnt es sich trotzdem, nun 110 Cents zu bieten. Ich zahle dann zwar 10 Cents mehr für den Dollar als er wert ist, doch biete ich nicht mehr, dann verliere ich 90 Cents. Indem ich also für einen Dollar 110 Cents zahle, zahle ich zwar drauf, aber ich verliere unter dem Strich nur 10 Cents – das ist immer noch besser, als 90 Cents zu verlieren. Leider denkt der andere Mensch, der mitsteigert, genauso, weswegen er sogar bereit ist, 120 Cents für den Dollar zu zahlen – und so weiter und so fort.

Überlegen Sie sich einfach, wie Sie kalkulieren würden, hätten Sie begonnen zu steigern – und dann müssen Sie sich nur noch überlegen, dass alle anderen Partygäste, die mitsteigern, genau das gleiche Kalkül haben. Und das Ergebnis ist dann eben, dass der Dollar für sieben Dollars verkauft wird. Hätten die armen Partygäste, denen Herr Shubik den Dollar versteigert hat, sich diese Gedanken vorher gemacht, hätten sie durchschaut, dass der einzige Gewinner in diesem Spiel der Auktionator ist – und hätten die Finger davongelassen. In dem Moment, in dem man ein Gebot abgegeben hat und ein zweiter Gast mit in den Ring gestiegen ist, hatte man schon verloren.*

Es gibt viele Spiele, bei denen der Gewinner schon im Vorfeld feststeht, und der Trick, solche Spiele zu durchschauen, besteht wie bei der Dollarauktion darin, sie von ihrem Ende her zu denken. Hier ein weiteres Beispiel, an dem diese Art zu denken deutlich wird. Gespielt wird das Spiel von zwei Personen; es geht darum, Zahlen aufzuaddieren. Jeder der beiden Spieler muss abwechselnd eine Zahl zwischen 1 und 10 nennen (die Null ist nicht erlaubt). Die genannten Zahlen werden zum Spielstand aufaddiert. Nennt Spieler eins beispielsweise die 5 und Spieler zwei die 4, dann ergibt das zusammen 9. Jetzt ist wieder Spieler eins dran, er nennt die 10 – macht dann 19 – Spieler zwei nennt die 10, das macht dann 29. Das Spiel wird so lange gespielt, bis die Summe von 100 erreicht ist, und gewonnen hat derjenige, mit dessen Zahl die Summe 100 erreicht wird. Ist der Spielstand beispielsweise bei 98, so gewinnt der Spieler, der jetzt am Zug ist, indem er die 2 nennt. Auf den ersten Blick hat man den Eindruck, dass dieses Spiel etwas für gute Kopfrechner ist, doch das stimmt nicht. Wenn Sie das Spiel vom Ende her denken, dann stellen Sie fest, dass

---

* Eine Möglichkeit sehe ich noch für die armen Gäste: Sie müssten sich untereinander absprechen, sozusagen ein Kartell bilden. Dann könnte ein Gast den Dollar für sagen wir 10 Cents ersteigern; die Beute teilt man dann unter den kollaborierenden Gästen auf. Je größer aber die Party ist, umso unwahrscheinlicher ist es, dass dieses Kartell hält, weil irgendein Gast der Versuchung nicht widerstehen kann, auch mitzubieten.

derjenige gewinnt, der die erste Zahl nennt. Denken wir das Spiel einmal vom Ende her: Derjenige gewinnt, der den vorhandenen Spielstand auf 100 aufaddieren kann. Wann wird das der Fall sein? Genau dann, wenn der Gegner mit seiner Zahl maximal auf 99 aufaddieren kann, denn dann können Sie die 1 nennen und gewinnen. Auf der anderen Seite muss die Zahl, die Ihr Gegner nennt, mindestens auf die 90 aufaddieren, denn dann können Sie noch mit der Nennung der 10 das Spiel für sich entscheiden. Daraus folgt, dass Sie das Spiel genau dann gewinnen, wenn Sie eine Zahl nennen können, die den Spielstand auf 89 addiert. Ist der Spielstand nämlich 89 und Ihr Gegner ist am Zug, dann kann er maximal auf 99 aufaddieren, und Sie haben gewonnen. Er muss aber mindestens die 1 nennen, dann beträgt der Spielstand 90 und Sie gewinnen ebenfalls. Daraus folgt, dass Sie das Spiel bereits dann gewonnen haben, wenn Sie auf einen Spielstand von 89 aufaddieren können. Eigentlich kann man das Spiel also bei 89 schon beenden, denn derjenige, der auf die 89 aufaddiert hat, ist der Sieger.

Wenn Sie diesen Gedankengang begriffen haben, dann erraten Sie auch sicherlich, was als Nächstes kommt: Sie berechnen einfach, auf welchen Spielstand Sie aufaddieren müssen, damit Sie auf die 89 aufaddieren können. Und das ist die 78: Nennen Sie eine Zahl, die den Spielstand auf 78 bringt, so kann Ihr Gegner maximal auf 88 kommen, indem er seine Zahl nennt, und Sie können dann auf 89 ergänzen. Er muss aber mindestens die 1 nennen, damit können Sie mit der 10 auf die 89 ergänzen und gewinnen. Auch der nächste Schritt ist klar: Ich muss nur überlegen, auf welche Zahl ich aufaddieren muss, damit ich dann auf die 78 komme – das wäre dann die 67. Diese Prozedur wiederhole ich so lange, bis ich auf den Anfang des Spiels komme und dann auf die Zahl 1. Beginne ich mit der 1, so kann Ihr Gegner maximal auf 11 kommen, Sie ergänzen auf 12. Von dort aus hangeln Sie sich immer weiter hoch über die 23, 34, 45, 56, 67, 78, 89 auf die 100 – ohne dass Ihr Gegner etwas dagegen ausrichten kann. Folgende Tabelle gibt Ihnen ein Beispiel dafür, wie das Spiel laufen könnte. Sie sehen, Sie müssen nur darauf achten, dass Sie die Zahl Ihres Gegners auf die entsprechende Stufe aufaddieren, dann kann Ihr Gegner nichts ausrichten.

Gegner	Sie	Ergebnis
–	1	1
2	9	12
6	5	23
3	8	34
2	9	45
1	10	56
10	1	67
7	4	78
2	9	89
10	1	100

Wie Sie auch an der Tabelle sehen können, müssen Sie sich noch nicht einmal die Ergebnisse merken, Sie müssen nur, nachdem Sie mit der 1 begonnen haben, darauf achten, dass sich die Zahl Ihres Gegners und Ihre Zahl immer zu 11 aufaddieren. Wie Sie sehen, gewinnt hier nicht das Rechengenie, sondern derjenige, der das Spiel von hinten nach vorne gelöst und mit der 1 begonnen hat. Es ist wie so oft im Leben: Wer zuerst an das Ende denkt, kann die Fehler am Anfang vermeiden.

Warum wir kaltherzige Ökonomen brauchen

… und das auch unser Bundespräsident wissen sollte

Wir befinden uns im Jahr 2003. Es ist Weihnachtszeit, und ich bin zutiefst gerührt: Unser Bundespräsident spricht zu mir. Nun gut, er spricht nicht zu mir persönlich, sondern er hält eine Weihnachtsansprache an die Nation, in der er uns, seinen Schäfchen, ein friedliches Fest wünscht und uns ein paar nachdenkliche Sätze auf den Weg ins neue Jahr mitgibt. Und einige dieser Sätze machen mich in der Tat nachdenklich, und je länger ich darüber nachdenke, umso ärgerlicher werde ich, denn der damalige Bundespräsident Herr Rau liest uns Ökonomen darin die Leviten – zu Unrecht, wie ich finde.

Es ist folgender Satz, über den ich stolpere: »Wir müssen aber aufpassen, dass nicht unser gesamtes gesellschaftliches Leben in allen Bereichen immer mehr nach den Mustern von Wirtschaftlichkeit und Effizienz geprägt wird.« Und jeder Mensch wird ihm in der vorweihnachtlich-seligen Stimmung sofort zustimmen – es sei denn, er ist Ökonom. Lassen Sie uns doch einmal darüber nachdenken, was uns dieser Satz sagen will. Herr Rau vertritt in seiner Rede weiterhin die Ansicht, dass Begriffe wie Bilanz, Kapital und Ressource in der Wirtschaft unverzichtbar seien, aber nicht in jeden anderen Wirtschaftsbereich gehören. Sonst werde selbst in Familien, Partnerschaften und bei Kindern gerechnet, was das bringe und was es koste. »Wenn wir alle Lebensbereiche nur noch nach wirtschaftlichen Gesetzen formen, geraten wir in eine Sackgasse. Dadurch verfehlen und verpassen wir wesentliche Dinge im Leben«, lautet das Fazit. Zeit zu erklären, was Ökonomen mit dem Wörtchen »Effizienz« wirklich meinen. Ich glaube nämlich, dass wir wesentliche Dinge des Lebens verpassen, wenn wir uns nicht um Effizienz bemühen, und ich glaube, dass uneffizientes Handeln unmoralisch ist. Und wer wirtschaftliche Gesetze missachtet, tut sich und seinen Lieben damit keinen Gefallen.

Zuallererst meinen Ökonomen mit Effizienz nicht Begriffe wie Kapital, Bilanz und Ressource – eine Bilanz ist eine Bilanz, Kapital ist Kapital und Ressourcen sind Ressourcen. Mit Effizienz hat das zunächst einmal wenig zu tun, das sind lediglich Begriffe, die Ökonomen verwenden. Bitte verstehen Sie mich jetzt nicht falsch, aber ich finde, man muss darauf hinweisen: Hier setzt jemand Effizienz mit Vokabeln gleich, die damit nur am Rande etwas zu tun haben. Stellen Sie sich vor, Sie gehen ins Autohaus und der Verkäufer preist Ihnen die Motorleistung des Wagens an, indem er auf den großen Auspuff verweist – würden Sie seinem fachkundigen Urteil trauen?

Also gut, was meint denn Effizienz wirklich? Grob gesprochen meint Effizienz nichts anderes, als mit gegebenen Mitteln das bestmögliche Ergebnis zu erreichen. Also: Ich will meine Wohnung streichen? Bitte mit möglichst wenig Farbe in möglichst kurzer Zeit. Ich will ein Krankenhaus bauen? Dann bitte so kostengünstig wie möglich. Ich habe ein bestimmtes Budget zur Verfügung? Dann versuche ich, mit diesen gegebenen Mitteln das Beste zu erreichen. Es gibt also zwei Schrauben, an denen man drehen kann: Ein vorgegebenes Ergebnis mit möglichst geringem Mittelaufwand erreichen oder aber mit gegebenen Mitteln ein möglichst gutes Ergebnis erreichen. Beide Handlungsweisen sind Ausprägungen des Effizienzgedankens.

Kurzum: Effizienz bedeutet, mit knappen Mitteln sparsam umzugehen. Daran kann ich zunächst noch einmal nichts Unmoralisches erkennen. Das Gegenteil von Effizienz ist Verschwendung, und ich halte Verschwendung für unmoralisch. Nehmen wir einmal an, Sie wollen ein Krankenhaus bauen. Würden Sie – vorausgesetzt alle Anbieter bieten die gleiche Leistung – den teuersten oder den billigsten Anbieter nehmen? Wohl kaum den teuersten, denke ich. Spinnen wir dieses Beispiel weiter: Die Krankenhausleitung will einen Teil der

Bausumme für Kunst am Bau ausgeben. Was würden Sie wohl dazu sagen, wenn diese das Krankenhaus bauen würde und die Hälfte des Etats dazu verwenden würde, die Fassade außen künstlerisch wertvoll zu gestalten, anstatt davon noch eine weitere Station zu bauen? Das wäre sicherlich aus künstlerischer Perspektive betrachtet wertvoll, doch mit Blick auf unser Ziel, ein Krankenhaus zu bauen, dürfte auch Herr Rau zugeben, dass dieses Handeln nicht wirklich gutzuheißen ist.

Zieht man das Beispiel einmal etwas anders auf, dann würde es so lauten: Die Stadt möchte gerne das Krankenhaus künstlerisch wertvoll gestalten, weswegen sie zum Bau des Krankenhauses eine Menge Geld für die Gestaltung der Fassade zuschießen will. Würde jetzt ein Ökonom auf die Kosten dieses Vorhabens hinweisen, so bekäme er unter Umständen von den Effizienzkritikern einen Rüffel, dass man eben nicht alles ökonomisch betrachten könne – doch was hat sich eigentlich an diesem Beispiel geändert? Meines Erachtens hat sich nur eines geändert, nämlich die Wahrnehmung der Kritiker. Verpulvert der Krankenhausdirektor die Hälfte des Etats für schmucke Bilder, dann ist das ein Skandal, weil das Geld dann fehlt, um eine Station einzurichten. Gibt der Stadtrat das Geld zusätzlich zu dem Budget des Krankenhausdirektors aus, so freut man sich ob der Kunst am Bau, obwohl dieses Geld doch auch dazu genutzt werden könnte, eine weitere Station einzurichten. Ökonomisch betrachtet besteht zwischen den beiden Beispielen aber kein Unterschied. Was nämlich alle Effizienzkritiker verkennen: Jeder Euro kann nur einmal ausgegeben werden. Gebe ich ihn für Kunst aus, fehlt er auf der Kinderstation. Gebe ich ihn für Filmförderung aus, fehlt er zur Bekämpfung der Obdachlosigkeit. Das ist eines der wichtigsten wirtschaftlichen Gesetze, und dieses Gesetz gilt immer und überall, auch in den Bereichen, von denen Kritiker kaltherziger Ökonomen wünschen, dass sie dort nicht gelten sollen.

Vielleicht noch ein Beispiel: In meiner Nachbarschaft hat man Tempo-30-Zonen eingeführt, um die Kinder vor Rasern zu schützen. Zusätzlich zu den Geschwindigkeitsschildern hat man so genannte Bodenschwellen eingebaut, damit die Autos automatisch abbremsen müssen. »Da darf die Stadt nicht aufs Geld schauen«, sagten die begeisterten Eltern. Das mag jetzt brutal klingen, doch ich denke, dass man dennoch fragen muss, was diese Bodenschwellen gekostet haben. Denn das Geld, mit dem ich die Bodenschwellen baue, fehlt mir an anderer Stelle. Um es einmal extrem zu machen: Man könnte die Unfälle in dieser Straße auf null reduzieren, wenn man für viel Geld eine Umgehungsstraße bauen würde – aber würden Sie diese Maßnahme befürworten? Die meisten Menschen würden dann doch sagen, dass man mit den Bodenschwellen der Sicherheit der Kinder Genüge getan hätte – das passt dann aber nicht zu der Aussage, dass die Stadt bei der Sicherheit der Kinder nicht aufs Geld achten solle. Wenn die Umgehungsstraße das Risiko von Unfällen auf null reduzieren würde, dann müsste man sie doch bauen, solange das Diktum gilt, dass man hier nicht aufs Geld achten dürfe. Sobald man aber darüber nachdenkt, ob eine Umgehungsstraße wirklich angemessen ist, fängt man an, über eine adäquate Mittelverwendung nachzudenken – sprich: über Effizienz zu reden.

Natürlich habe ich nichts gegen Bodenschwellen, doch ich befürworte auch, dass man darüber nachdenkt, welche Kosten und Nutzen denn mit den Bodenschwellen verbunden sind. Spielen in der Straße viele Kinder und fahren hier viele Autos, dann ist eine Bodenschwelle sinnvoll, vielleicht sollte man dann auch über eine Verkehrsumlenkung nachdenken. Gibt es in der Straße hingegen jedoch nur ein Kind und fährt hier einmal in der Woche ein Auto durch, dann, denke ich, gibt es Diskussionsbedarf. Auch wenn Ihnen sich jetzt das Gefieder sträubt, sollte man fragen, ob eine Bodenschwelle dann notwendig ist – denken Sie einfach an die Umgehungsstraße, auch hier hätten einfach Aufwand und Ertrag in einem ungesunden Verhältnis zueinander gestanden. Die Ein-Kind-Bodenschwelle kann man zwar installieren, aber um den Preis, dass man diese Bodenschwelle in einer anderen Straße hätte installieren können, in der mehr Kinder und mehr Autos unterwegs sind. Der Einwand, dass man ja in beiden Straßen die Bodenschwellen installieren könne, greift zu kurz, denn wir haben hier nur von einer Bodenschwelle gesprochen. Wenn Sie zwei Bodenschwellen bauen wollen, müssen Sie an einer anderen Stelle auf eine Bodenschwelle verzichten, respektive auf die Mittel, die Sie für die Bodenschwelle benötigen. Natürlich kann man zu dem Schluss kommen, dass man in beiden Straßen Bodenschwellen installieren sollte, dann aber sollte man sich zumindest der Tatsache bewusst sein, dass das dafür benötigte Geld an anderer Stelle fehlen wird. Sie müssen sich also einfach fragen: Gibt es für die Mittel eine andere, möglicherweise bessere Verwendungsmöglichkeit?

Wer beispielsweise die Familie von dieser Denke ausnehmen will, macht einen Fehler: Gerade bei meinen Liebsten bemühe ich mich doch, alles so gut – sprich: effizient – wie möglich zu machen.Was halten Sie von folgendem Beispiel: Ihre Kinder wollen auf den Jahrmarkt, das kostet Geld. Würden Sie mit den Kindern auf den Jahrmarkt gehen, ohne sich um die Kosten zu scheren? Schließlich solle man ja in der Familie nicht nach Effizienzgesichtspunkten handeln. Und am Ende des Jahres stellen Sie fest, dass Ihr Geld nicht mehr reicht, um die Kinder einzukleiden, die Reitstunden zu bezahlen oder etwas für die spätere Ausbildung zurückzulegen. Sie haben dann schlimmstenfalls den Jahrmarktbesuch Ihrer Kinder mit deren Ausbildungschancen bezahlt. Eine solche Denke können meines Erachtens nur Menschen haben, die sich nie in ihrem Leben Gedanken darum machen mussten, ob das Geld reicht (vielleicht auch, weil sie es als Politiker gewohnt sind, einfach die Steuern zu erhöhen, wenn das Budget überzogen ist). Jeder andere Mensch hat gegenüber seinen Kindern die moralische Verpflichtung, mit seinen begrenzten Mitteln so effizient wie möglich umzugehen, um ihnen das zu ermöglichen, von dem man glaubt, dass es das Beste für sie ist.

Auch die weiteren Zitate aus Herrn Raus Rede belegen meiner Ansicht nach ein eher unökonomisches Verständnis von Effizienz: »Die Schule ist eben kein Unternehmen. Die Hochschule auch nicht. Bildung ist mehr als bloße Funktionsertüchtigung«, lese ich. Was auch immer Bildung sein mag, eins weiß ich: Organisiere ich eine Hochschule nicht nach Effizienzgesichtspunkten, dann sinkt der Bildungsstandard des betreffenden Landes. Halten Sie es für richtig, dass ein Orchideenfach mit einigen wenigen Studenten die gleiche Mittelausstattung benötigt und bekommt wie ein Massenfach? Wenn Sie diese Frage verneinen, dann sind Sie für Effizienz in der Hochschulpolitik. Oder noch besser: Sollen wir mit den Universitätsmitteln Lehrstühle fördern oder einen Professorengolfplatz einrichten? Wäre eine Hochschule kein Unternehmen, dann würde es also keine Rolle spielen, ob wir die Mittel effizient einsetzen oder nicht – dann könnte man auch den Professorengolfplatz rechtfertigen. Und das Schlimme: Wenn das Unternehmen ein Familienunternehmen ist, dann darf der Unternehmer sich sogar seinen Golfplatz einrichten, denn es ist ja sein Geld, das er ausgibt. Aber wenn Universitätsgremien fremdes Geld für ihre Schutzbefohlenen ausgeben sollen, dann soll das Kalkül der Wirtschaftlichkeit nicht gelten?

Auch das nächste Zitat aus der Weihnachtsrede stimmt mich wenig weihnachtlich: »Ein Krankenhaus ist keine Gesundmaschine. Alten Menschen muss genauso geholfen werden wie jungen.« Diesen Satz empfinde ich als Ökonom als eine Beleidigung, unterstellt er doch, dass Effizienz damit gleichzusetzen ist, dass man jungen Menschen im Krankenhaus mehr hilft als alten Menschen – woher kommt denn diese merkwürdige Vorstellung?

Ich glaube, dass Herr Rau bei diesen Sätzen an etwas anderes gedacht hat: nämlich an Profitstreben, und das ist falsch: Effizienz hat nichts mit Gewinn in Euro, mit Profit oder ähnlichen gutmenschenvorurteilsbeladenen Begriffen zu tun. Was Effizienzkritiker zumeist meinen, ist Gewinn, Profit, Mammon – all jene Begriffe, die in der Ansicht vieler Nicht-Ökonomen negativ besetzt sind. Und sie verwechseln Begriffe wie Gewinn oder Effizienz mit Zielen und Wertvorstellungen.

Und hier liegt meiner Meinung nach der Denkfehler: Was Kritiker des Effizienzgedankens wirklich meinen, ist eine Gewichtung der Ziele. Ich glaube nicht, dass Menschen ernsthaft der Verschwendung das Wort reden wollen. Was sie eigentlich wollen, ist, die knappen Mittel für andere Dinge ausgeben, für Dinge, die sie für gut, wahr und nötig halten. Daran ist nichts Verwerfliches, jeder Mensch hat eigene Vorstellungen darüber, was gut, wahr und nötig ist und wofür der Staat seine Mittel ausgeben sollte. Aber warum sagt man dann nicht: »Ich bin der Meinung, der Staat sollte mehr Geld für die Universitäten und die Krankenhäuser ausgeben«? Das ist eine klare Aussage, mit der ich mich vielleicht sogar noch anfreunden könnte, doch womit ich mich nicht anfreunden mag, ist, wenn Menschen mir persönliche Vorlieben und Werturteile unter dem Deckmantel des Wahren, Schönen, Guten verkaufen wollen und mir damit suggerieren wollen, dass diese Vorstellungen von Mittelverwendung sozusagen höhere moralische Weihen besitzen. Was macht Herr Rau denn, wenn ich seiner Meinung entgegenhalte, dass man das Geld lieber für die Entwicklungsländer ausgeben sollte? Er würde mir sicher zustimmen, und dann käme nämlich der Punkt, an dem man ihn darauf hinweisen muss, dass man das Fell des Steuerzahlers nur einmal abziehen und verteilen kann – Uni oder Entwicklungshilfe. Auch die moralisch besten Pläne können sich nicht der Tatsache entziehen, dass jeder Euro nur einmal ausgegeben werden kann. Und wer das akzeptiert, der muss immer und jederzeit für effizientes Handeln sein.

Ich gebe Herrn Rau Recht, wenn er auf Werte wie Solidarität und Wohltätigkeit pocht, und niemand – auch kaltherzige Ökonomen – finden Kaltherzigkeit gut. Doch auch Solidarität kommt nicht ohne Ressourcen aus. Und jedes Mal, wenn irgendwo Ressourcen verschwendet werden – wenn also ineffizient gehandelt wird –, fehlen diese Ressourcen dann für unsere Wohltätigkeit. So betrachtet ist Effizienz sogar Voraussetzung für Wohltätigkeit: Indem ich sparsam mit Mitteln umgehe, sorge ich dafür, dass ich genügend Mittel habe, um wohltätig zu werden. Wann denken Sie, kann ein Unternehmer Spenden machen:Wenn sein Unternehmen Gewinne abwirft oder wenn es pleite geht? Wie kann der Staat helfen: Indem er gezielt den Hilfsbedürftigen unter die Arme greift oder das Geld mit vollen Händen zum Fenster rauswirft?

Gewinne oder Effizienz sind Begriffe, die sich moralischen Kategorien entziehen, sie sollen helfen, Verschwendung zu vermeiden. Sie sind keine Ziele, sondern Mittel zur Erreichung bestimmter Ziele: Ein Krankenhaus zu bauen, die Familie zu versorgen, Kinder vor Rasern zu schützen. Wer aber knappe Mittel verschwendet, der ist in meinen Augen unmoralisch, denn er verhindert, dass diese Mittel zur Erreichung solcher Ziele so gut wie möglich eingesetzt werden können. Wenn Sie jetzt genau aufgepasst haben, dann werden Sie bemerken, dass ich nicht über Ziele streite, sondern über die Art und Weise, wie man diese Ziele am besten erreichen kann. Und ich wette mein Gehalt, dass ich mit meiner Idee einer effizienten Mittelverwendung mehr Krankenhäuser bauen kann, mehr Kinder vor Rasern schützen kann und meiner Familie mehr Gutes tun kann als Menschen mit der Vorstellung, dass Wirtschaftlichkeit etwas moralisch Anrüchiges ist.

Gerade Politiker sind dem Effizienzgedanken besonders stark verpflichtet: Verschwendung im privaten Bereich ist Privatsache, aber wer eine öffentliche Aufgabe mit fremder Menschen Mittel zu bewältigen hat, der ist verpflichtet, mit den ihm anvertrauten Mitteln sorgsam und sparsam umzugehen.Was wir brauchen, sind Politiker, die mit kaltem Kalkül sorgsam und sorgfältig mit den ihnen anvertrauten Steuergeldern umgehen, um dann als Lohn ihrer Sparsamkeit den Neigungen ihrer Herzen nachgeben zu können. Ein weiches Herz benötigt einen kühlen Kopf.

Literatur

Die meisten der in diesem Buch vorgetragenen Ideen und Überlegungen beruhen auf der Anwendung einfacher ökonomischer Ideen im Alltag – insofern hilft jedes Lehrbuch der Wirtschaftswissenschaften, diese Ideen ein wenig zu vertiefen. Lehrbücher zur Ökonomie gibt es viele, ein Buch zur Alltagsökonomie hingegen ist schwer zu finden. Im englischsprachigen Raum habe ich zwei Bücher gefunden, aus denen ich einige Anregungen entnommen habe. Das ist zum einen der »Armchair Economist« von Steven E. Landsburgh (The Free Press, 1993), ein exzellentes Buch, das amüsant geschrieben ist und sein Geld ebenso wert ist wie sein zweites Werk zu einem ähnlichen Thema: »Fair Play. What your children can teach you about economics, values and the meaning of life« (The Free Press, 1997).

Hier eines der wenigen Bücher, das in deutscher Übersetzung vorliegt und sich explizit an Nicht-Ökonomen wendet: »Der ökonomische Code. Wie wirtschaftliches Denken unser Handeln bestimmt« von David Friedmann (Eichborn, 1999), das für Nicht-Ökonomen durchaus geeignet, aber schon etwas anspruchsvoller ist – als Strandlektüre nur bedingt tauglich.

Einige der Kapitel dieses Buches (Warum meine Freundin nicht mehr ans Telefon geht, Warum Krimis unglaubwürdig sind, Warum es besser ist, an das Ende zu denken) beruhen auf einfachen spieltheoretischen Überlegungen. Wer sich dafür interessiert, sei beispielsweise auf das Buch von Avinash K. Dixit und Barry J. Nalebuff verwiesen: »Spieltheorie für Einsteiger« (Schäffer Poeschel, 1997).

Mein Dank gilt auch einer Reihe von Mithelfern an diesem Büchlein: Tatkräftige inhaltliche Unterstützung wurde mir zuteil durch Frau Prof. Dr. Andrea Beyer, Frau Prof. Dr. Agnes Sputek und Frau Dr. Petra Carl, die mir wertvolle Anregungen gaben und mich vor einigen Fehlern bewahrten. Eine ebenso tatkräftige und hilfreiche wie amüsante Unterstützung waren die Verlagsleiterin Frau Dr. Christina Eibl und die Lektorin Frau Danja Hetjens von Frankfurter Allgemeine Buch.

Im Folgenden noch einige Hinweise zu den einzelnen Kapiteln:

Warum man für alle Klausuren lernen sollte

Der ökonomische Grundgedanke, der hinter diesem Kapitel steht, ist die Theorie vom abnehmenden Grenznutzen oder Grenzertrag und den zunehmenden Grenzkosten, die Sie in jedem volkswirtschaftlichen oder betriebswirtschaftlichen Lehrbuch nachlesen können.

Warum man keinen Gebrauchtwagen kaufen sollte

beruht auf den Ideen des Nobelpreisträgers George Akerlof; die grundlegenden Ideen hierzu finden Sie in seinem Artikel im Quarterly Journal of Economics, der sich auch mit Gebrauchtwagen beschäftigt: Akerlof, G. »The Market for Lemons: Quality Uncertainty and the Market Mechanism«. Quarterly Journal of Economics 89, 488 – 500 (1970).

Warum es mir egal ist, ob ich Steuern zahle

Die Grundidee mit der Beispielrechnung finden Sie auch im »Armchair Economist« von Mr. Landsburgh. Ich habe mir lediglich erlaubt, das Beispiel ein wenig zu modifizieren. Hinter dieser Idee steht auch das so genannte Ricardianische Äquivalenztheorem, das Sie in Lehrbüchern zur Makroökonomie finden.

Warum mein Fahrrad nie geklaut wird

Diese Überlegungen beruhen auf den Theorien des Nobelpreisträgers Gary S. Becker, der mehr oder weniger fast alle Bereiche des menschlichen Zusammenlebens einer ökonomischen Analyse unterworfen hat. Hierzu gibt es ein deutsches Buch: Gary S. Becker, Guity Nashat Becker: »Die Ökonomik des Alltags« (Mohr Siebeck, 1998). Der Titel, finde ich, täuscht ein wenig, es handelt sich hier hauptsächlich um eine Sammlung von Artikeln und Kommentaren zu politischen Themen und Fragen der Wirtschaftspolitik, nicht aber um solche Alltagsfragen wie in diesem Buch behandelt.

Warum Quizshows keine gute Sache sind

Der Bekannte mit dem Lottoschein war Joachim Goldberg, der zusammen mit Rüdiger von Nitzsch ein sehr gut lesbares Buch zu den psychologischen Problemen mit Geldanlagen geschrieben hat: »Behavioral Finance« (Finanzbuch Verlag, 3. Auflage 2000).

Warum man Zahlen nicht trauen kann

Dieses Thema ist unerschöpflich und erheiternd, wer hier mehr wissen möchte, greife zu dem ausgezeichneten, gut verständlichen und sehr unterhaltsamen Buch von Walter Krämer: »So lügt man mit Statistik« (Piper Verlag, 4. Auflage 2003); hier finden sich auch etliche der in diesem Kapitel vorgetragenen Ideen. Die Sache mit den falsch berechneten Zahlen der Weltbank finden Sie bei Xavier Sala-i-Martin: »The disturbing ›rise‹ in income inequality«, in: NBER Working Paper No. 8904, April 2002.

Warum man gegen den eigenen Verein wetten sollte

Das Buch von Robert Shiller ist 2003 im Campus-Verlag erschienen und heißt »Die neue Weltfinanzordnung«. Während dieses Buch in seine Endfassung gebracht wird, besiegt der FSV Mainz 05 Bayern München in einem Testspiel mit 2 : 1.

Warum es gut ist, an das Ende zu denken

Die Dollar-Auktion und das Spiel mit den Zahlen habe ich dem sehr gut lesbaren und lesenswerten Buch von László Mérö: »Optimal entschieden? Spieltheorie und die Logik unseres Handelns« (Birkhäuser 1998) entnommen.